JN063061

英語の発信力を磨く 異文化理解の視点

鷲 直仁・鈴木 邦成 編著

―ダイバーシティマネジメントの視点からの

日本のいまとこれから

開文社出版

はじめに

AI（人工知能）が世界の将来を変えるであろうと言われる現在、日本人が世界の異文化を理解するということは、何を意味するのであろうか。

キーワードを打ち込むだけで、優秀な解答を示してくれるAIは、ヒトが学習するということの意味を一変させた。これまでにもすでに、優れた検索エンジンの登場により、年代の丸暗記が疑問視されていた。つまり、これまで日本の受験で必要とされてきた知識の集積は、PC（パソコン）が、一瞬で答えてくれる程度のものである。その時からさらに技術は進化し、生成AIにより、人間にしかできないと思われていた、ヒトの心を動かすような作文さえ登場するようになった。また、海外に行ったことなどなくても、さもその国を旅行したような文章を作成することなど、このテクノロジーによって簡単なこととなってしまった。

異文化を体験しながら、その理解をするというヒトにとって最も大切なことが、疑似体験で済んでしまう世の中になったことがわかる。だからこそ、今、改めて、異文化を理解するための本を上梓した。

私は国内・海外を問わず、訪れた土地で、そこの人々に出会い、その土地の景色を、直接、見ることによって獲得した体験が、自分の心の中の多くの部分が作られているように感じている。それは何なのだろうか。それは例えば「実体験による恥の集積」であるかもしれない。AIは、恥を恥と感じないであろうし、何を恥と思うかは、かなり個人差があるはずである。それがヒトなのである。体験のズレといってもよい。

一生懸命勉強してきた英語が英語圏で通じなくて恥をかく。日本で常識であったことが、全く違ってとまどう。この試行錯誤が、私を旅に導き、価値観を変えてきた。そして、その変化した価値観に賛同してくれる友・他者をその都度得てきた。話が飛躍するが、「猥褻」や「排泄」に関する動揺も自分でしか体験できない。

本書が多くの英語学習者にとって、今、異文化理解とは何かということを再考していただく一助となれば幸いである。

最後に、本書の刊行にあたり、開文社出版の丸小雅臣氏には有益なご助言をいただきました。ここに深く感謝の意を表します。

2024 年 1 月

鷲　直仁

目　次

第１章

スポーツから得る異文化理解

◆◆ 第1章 ◆◆

スポーツから得る異文化理解

◆ 1. はじめに

2020年代は、アジア、特に東南アジアからの日本への長期滞在者および移住者が多くなると考えられる。今後の異文化体験というのは、日本国内において、海外出身の方々との出会いがもたらすものも、かなり想定される状況なのである。

このような状況に適切な対応のためには、まず日本人が「日本的文化とは何か」を理解することが必要である。そうでないと、外国の方々が戸惑う日本独特の習慣に、その人たちが、なぜ戸惑っているのか気づくことができないからである。

今回は、「スポーツ」に着目する。スポーツは、今や様々な種類も増え、世界中で多くの人々がそれらに取り組んでいる。ある意味では文字化されていない世界共通言語（体験）でもある。

そう考えると、無数にある日本文化の特徴の中で、多くの人々が学生時代を中心に経験する「スポーツ」を分析することが、現在の日本文化の独自性を理解することに繋がる。

つまり、日本文化分析の材料の一つが日本独特のスポーツ（部活動など）への取り組み方にあると考えられる。小中高校の学生生活と密接に関連する形でスポーツが組み込まれていることが、現代の日本人独特の思考に影響しているし、会社を含めた日本的組織を含め、日本文化の根幹を形成しているともいえる。

スポーツの語源は、中世の英語で、気分転換を意味する、“deport”である。もちろん現在ではその意味は広がり、単なる気晴らしではなくなっている場合も多い。特に日本の学校における真剣な部活動にはほとんど当てはまらない。

スポーツは、18 世紀中ごろから 19 世紀末までの近代という特殊な時代に、最初はイギリスで、その後引き続いてアメリカという地域に生まれた、自由競争の論理、平等主義の論理、禁欲的な倫理観、モダニズムをもった、大筋活動と競争を伴う身体運動に関わる独特の形式の文化だということになります。(友添：3)

このオリジナルのスポーツに対する概念が、日本的精神論を含む極端な方向に発展していったのが、日本のスポーツ界であろう。

2．日本独特のスポーツと部活動、そして欧米文化との比較

2013 年 4 月 19 日の読売新聞には、横浜市中区の「横浜カントリー・アンド・アスレチッククラブ」において、近くのサンモール・インターナショナル・スクール高等部の生徒がサッカーの練習をしている場面が載っている。この高等部は、日本の高校に相当する。114 人のうち男女 25 人が在籍するサッカー部の練習についての記事が掲載されている。日本のいわゆる部活動とは違うようである。

イギリス人コーチ（外部）が生徒に練習内容を説明している時も、生徒は思い思いの姿勢で聞く。これがもし、日本の強豪校の部活動であるならば、監督が指導をしている間は、部員は直立不動で話を聞いている場面であろう。その時、そのインターナショナル・スクールでは、けがをしていた女子が、おしゃべりをしながらウォーキングをしていた、と書いてある。これも日本の部活動であれば、その日は脇で見学しながらも、可能な範囲で部活動全体の助けとなる動きをすることであろう。

この相違は、日本企業と欧米企業の風土の違いにも繋がっていると思われる。日本では、上司の指示は良い姿勢で聞くであろうが、欧米企業では、指示を受ける部下は、もう少しリラックスした雰囲気で聞いているだろう。この問題は根が深い。日本では、部下が、自分の分担する仕事が終わった場合でも、上司が残業している場合は先に帰宅するのは「雰囲気的に」難しく、周囲の残業具合を見ながらどうするかを決めるのが一般的であろう。ま

た、別のシチュエーションでは、タイムカードを押した後に残業する、いわゆる「サービス残業」というのがあるのも違法であり、日本ならではの悪しき文化である。

また、この 1872 年創立インターナショナル・スクールの部活動で特徴的なのは、サッカーをするのは春期（2〜5 月）だけ、秋期（8~11 月）はクロスカントリー、冬期（11〜2 月）はバスケットボールをすることになっている。しかも部活動は週 3 日である。外部コーチも種目ごとに替わる。日本の、「この道一筋」的な部活動とは全く異なることがわかるだろう。一つのスポーツを学生時代中続けることが良いとされる。指導者（日本では大多数が教員）が必要以上の権限を持つこともない。練習をさぼった場合のペナルティーは、もちろん暴言などではなく、生徒を試合に出さない、または本人に退部を促したりする（言葉で）というものらしい。あくまで促すということである。言葉は選ぶであろうが、これはこれで理にかなっている。精進のためのスポーツではなく、あくまでエクササイズとしてのスポーツである。少し試してみて興味の持てるスポーツを各自続ければ良い。「広く浅く」という言葉を否定的に捉えるのではなく、スポーツに取り組む姿勢の一つとしてこれからの日本人に広まってもよいだろう。

また、これに関連して、日本でも、疲れたら休むという考えが浸透するべきだろう。休む、イコール、怠けているのではなく、メリハリをつけているという意味で捉え、休息することにもっと意味をもたせる。仕事、勉強でもそうだが、熱中しすぎることによって、客観的自己分析ができなくなる。頭の中で不安感が増幅して、その気分を鎮めるために練習を続け、さらに休めなくなるのだ。そして休んでいる間にも、いろいろと考えてしまう。特にネガティブなことを。この状態では当然故障の原因にもなる。選手として取り返しがつかない場合も出てくる。

2008 年 12 月 12 日の読売新聞の記事によると、プロ・バスケットボールの選手である大神雄子氏が、WNBA（米女子プロバスケットボール協会）に所属した時の経験を語っている。WNBA の選手は「プロのプレー」をすることにこだわっており、少しでも体に違和感を覚えると、プレーをせずに休むし、体に張りがあると思ったら、自らけが人リストに入るらしい。大神氏は、アメリカのプロバスケットの選手にとっては「休むことも仕事」であると自覚していることを感じたらしい。そして、自分自身をふりかえってみて、日本では、「休む勇気」がなかったことを率直に述べている。大神氏が感じたように、日本でのチームプレイを経験したことのある人にとっては、「休む」ということに対する罪悪感が部活動によって植えつけられることも事実である。「休む」ことや、「遅刻する」ことは、日本人が集団行動をとる際には大きな罪悪であり、自分が休むことにより、他のメンバーに対して迷惑をかけてしまうと意識する。日本人は集団行動を非常に重視し、かつ、全員による話し合いにも非常に重きを置く。集団で意思決定し、行動に移そうとする場合、全員で話し合ったという事実が大事なので、「話し合いの場にいる」ということが重んじられる。出席しないわけにはいかない無言の圧力があるのである。先ほど述べた、WNBA の選手が自ら故障者リスト入りする件においても、日本では、いまだに、けがは、練習や試合を続けながら治してゆくことが望ましいとする風潮がある。結果としてそのけがが悪化したり、先ほども述べたが、選手生命の危機にまで及んだりするケースもある。練習中における明確かつ大きなアクシデントや、試合中、周囲から見ても、まともに動けなくなるようなひどい状態になって初めて「休む資格」が与えられるのである。このことは、日本の会社組織や、あらゆる日本的組織に属する日本人にあてはまるのではないか。けがではないが、日本の会社では、かなりの精神的抑圧を感じていても気軽には休めないために、重い精神疾患を患うようになってから休むようなケースも多発している。

これは、あらゆる日本的な人間関係にもあてはまるのではないだろうか。ある特定の人物や組織とだけ親密な関係を築いてしまうと、その関係に依存してしまい、その関係が崩れたときに、現在の生活全てを失ってしまうような感覚になってしまう。

また、2020 年 12 月 12 日の読売新聞の記事によると、元女子バレーボール日本代表の迫田さおりさんが、興味深いコメントをしている。小学校の時、姉の影響でバレーボールを楽しく始めたものの、中学校での、上下関係や結果を求められる雰囲気になじめなくなっていったという。つまり、純粋に競技を楽しめなくなっていったということである。地元鹿児島県外のバレーボールの強豪校からの誘いもあったものの、「また楽しくバレーボールをしたい」という思いから、結局地元の県立鹿児島西高校（現・明桜館高）に進学する。相手の強豪校から 1 点でも取ると、みんなで盛り上がり、バレーの楽しさを思い出したという。その後は、大津市の実業団チームに入る。そこでの練習は厳しかったが、ホームシックになった時には桜島の雄大な姿を思い出し、心を奮い立たせた。入団 4 年目にレギュラー、同年、日本代表となる。2012 年のロンドン・オリンピックでは銅メダルを獲得する。地元に帰省すると、どこでも「ありがとう」と言われ、鹿児島の情の深さを実感する。

この迫田氏の発言を聞くと、改めて、楽しくプレーするということの大切さがわかる。強豪校に入っていたら、1 得点ぐらいでは、褒められることもまく、ましてミスをすれば、指導者からの厳しい怒号がとんできたであろうことは容易に想像できる。どれだけ多くの有望選手がその芽をつみとられてきたことであろう。全員がプロになるわけではない高校レベルにおける必要以上の指導は、虐待でしかないであろう。全ての強豪校がそうとは言えないが、多分にその要素はあるであろう。そこには、楽しさのかけらもない。勝つことによってのみ指導者から認められる。大会にもよるが、準優勝でも叱られるだろう。それが、2020 年代に入っても昭和から続く強豪校の指導の主流であることは、容易に想像できる。

アメリカ、スタンフォード大学でアメリカン・フットボールのコーチを勤めたことのある、河田剛氏は、その著書『不合理だらけの日本スポーツ界』の中で、様々な日本の部活動における矛盾について論じている。例えば、選手の「声出し」である。練習中の声出しを無意味であるとし、自然に心から応援の声出しをすべきであると述べている。(河田：37)

声出しは、ただ疲労するだけだという意見もあるのである。さらに、シーズン・スポーツの体制ができているアメリカでは（これは、イギリス、オーストラリアでも同様である）季節ごとに頭を切り替えて選手たちがスポーツを楽しめるのに対して、日本は休みなく一年中、選手が小さいころから同じスポーツをし続ける異様さを河田氏は指摘している。（河田：39）また、食事も、日本の高校球児が米などの炭水化物をたくさん食べるように勧められる（強制される）のに対して、アメリカではたんぱく質を摂るのが当然であることにも言及する。

現在でも多くの高校生が丸坊主にする高校野球の風習も、好んでその髪型にしている場合を除けば、その強制性は、大きな問題を含むであろう。この問題に関しても、指導者側の強制もあるだろうし、球児の側も、まじめでストイックな野球少年をあえて演じている側面もある。

釜崎太氏は、「高校サッカー部出身の大学選手やプロ野球選手の中には、入部一年目は故障からの回復に多くの時間を費やさなければならないような状態の選手が少なくないとも聞きます。」（友添：125）と述べている。学校という在籍期間が限られているチームでの指導方針が問われている。指導者が選手の将来よりも、目先の勝利にこだわってしまうケースも多いのである。

だが、日本のスポーツに取り組む姿勢は、マイナス点だけではない。スポーツ用品を大切にするのが日本文化である。アメリカの大学スポーツのレベルでは、資金が豊富であれば、たとえ新品のスパイクでも、すぐに試合後ゴミ箱の捨ててしまうケースも多いらしい。（河田：42）これは用具を大切にする日本では考えられないことである。

だが、道具を大切にする美徳に満ちた日本のオリンピックの結果は残酷である。2008 年の北京オリンピックで、スタンフォード大学の学生が獲得した総メダル数 25 個は、同じ年の日本の獲得した総メダル数と同じだったのである。一大学とメダル数が、並んでしまうのである。ただ、これは米国籍ではない留学生の獲得したメダル数も含んでいることには言及して述べておかなければならない。

前章でも述べたが、欧州の学生スポーツは、学校外のクラブチームに（複数）入る。つまり、日本的部活はないのである。学校から切り離されているという事実は大きい。日本のような、教員のブラック（残業、休日出勤）な組織への帰属も無い。小説や、ドラマなどで、部活を辞めることが一生の大事として描かれる日本とは大違いである。何事につけ、一筋で行くことが称賛される日本。労働、つまり社会人でも同様である。会社を辞めるということは、日本では、人生の一大事である。もちろん欧米人にとっても大きな出来事であることは否めないが、5、6 年をめどに、常に転職を視野に入れながら働くようである。

通常、日本の組織で上に対して異を唱えるということは、日本では、その組織を辞める覚悟で意見を言わなければならない。辞めた後の選択肢が多い欧米では、異を唱えやすいのではないだろうか。

それができれば、スポーツでのハラスメントも自ずと減少するであろう。

ところで、2015 年 8 月 25 日の読売新聞には、大人の「ゆるスポーツ」が取り上げられている。ゆるく、気合を入れずに、運動するのである。そこで取り上げられているのが、「ビリッカー」というものだが、この競技は、大きなビリヤード台状の場所の上でフットサルをする。相手にコートに這いつくばってヘディングできる場面もあり、笑いの要素もある「ゆるスポーツ」なのである。また、「バブルサッカー」と呼ばれるものもある。「バンパー」と呼ばれる透明で大きな球状のビニール袋を頭からすっぽりかぶりフットサルをするものである。選手同士がぶつかり合うと、お互いにはじきとばされる。各自のそれまでの、サッカーの経験があまり関係ないし、エンジョイすることが一番肝心なことらしい。

2015 年 4 月に日本では、「ゆるスポーツ協会」が発足している。日本的な、「笑っちゃいけない」、「失敗しちゃいけない」日本のスポーツ文化を変えたいとのことである。つまり、レクリエーションとしてのスポーツである。笑いの要素を加えるというのは、革命的ではないだろうか。冗談一つ言えないような雰囲気の強い日本のスポーツ文化に、一石を投じると考える。いかなるスポーツであっても、全てのプレーヤーが命がけ、人生をかけてスポーツをする必要などない。（プロは違うであろうが）若者であっても、熟年であっても当然であろう。勝ち負けも同様で、こだわりすぎると弊害は多い。笑い、少なくとも、プレーしていて楽しいという要素が無ければ多くの人はスポーツを長く続けることはできない。さらに、同日の新聞記事には、「ファンラン」と呼ばれる、楽しみながら走る競技も紹介している。泡まみれでゴールを目指す。SNS に、楽しんでいる自分の写真をあげる。「頑張っている」自分ではなく、「楽しんでいる」自分を見せることを主たる目的としているのである。

また、2018 年 7 月 21 日の読売新聞によれば、千葉市の千葉聖心高校の、ユニークな部活動を取り上げている。「カーレット部」である。並べた机の上に 3 メートル 60 センチのマットを置き、手のひらほどのストーンを滑らせる、カーリングのようなスポーツだ。全国で唯一の部活であり、11 人が所属している。3 人で順番にストーンを投げるため意思疎通が欠かせず、2012 年に部活として創設された。練習は、1 時間半を週 3 回行う。軽い運動だと言えるだろう。運動部などに属していない生徒が求めるものが、「友達と楽しめること」「活動時間が程よいこと」「勝ち負けにこだわらないこと」等があがる。また、この千葉市の例のほかにも、地域と連帯して、ヨガ同好会のある高校もある。費用は、県の教育委員会が負担する。根性や、忍耐とはほど遠い部活動も生まれつつあるのだ。

2018 年 4 月 6 日の読売新聞には、馳浩、元文部科学省が、学校での部活動は、わが国独自の「教育文化財」として評価しているが、教員の負担があまりに大きいことを指摘している。馳氏は、「総合型地域スポーツクラブ」を作り、部活動との一体化を進めたいと言う。そして、部活動を学校が運営することに伴う、「生活指導」についても、古くからの固定観念であると論じ、子供たちがスポーツに親しみ、楽しめる環境を整えなければならないと主張している。この論のまま進めれば、教員は、外部人材を加えて指導する立場をとるという立場をとることも可能であるという。

ここで覚えておかなければならないのは、「部活動指導員」である。民間のスポーツ指導者や教員 OB らが指導する。2017 年度までは 4 %程度である。

中学運動部顧問の2006年と2016年では、0時間が59％から40％、5時間以上が11％から23％になっている。教員の負担は増しているのである。ますます「部活動指導員」の必要性が高まっていることが明らかである。

2019年3月7日の読売新聞によれば、日本スポーツ協会（JSPO）は、3月6日に競技の専門知識を持つ指導者と学校などを引き合わせるサイト「公認スポーツ指導者マッチング」を開設すると発表した。中学・高校の生徒が専門的な指導を受け入れていけば、部活動による教員の負担軽減にもつながると期待されている。「公認スポーツ指導者」として登録されている人たち、例えば、水泳やテニスなど競技別のコーチや医師、栄養士ら、全国の約55万人が資格を有しているが、情報不足が原因で、まだまだその資格を生かせる場がないという声が上がっていたからである。文部科学省では、2017年度から、外部人材を学校教職員として任用できる、「部活動指導員」を制度化した。専門知識をもった指導者を探す学校と、活躍の場を求める指導者のニーズを満たす仕組みとして、このマッチング・サイトの開設を決めたのである。公認スポーツ指導者のうち、JSPOが管理する指導者約13万人が対象となる。子供たちが、楽しく、正確な指導を受けられるような環境作りを目指している。

元読売巨人軍投手の桑田真澄氏は、メジャーリーグでもプレーした選手であるが、その著書、『心の野球』の中で、たどり着いた結論は、自らの特徴を、「合理的・効率的な短時間集中型」（桑田：20）としている。無茶な努力でケガをしたら意味がないという主張である。23年間、毎日50回のシャドウピッチングを続けたらしいが、それが、1 日 10 分か 15 分なのである。もちろん、通常のグラウンドでの練習はしていたであろうが、それが終わった後は、必要最低限、つまり体力を温存しながら効率的なトレーニングをしていたという。周りでは多くの選手が、グラウンドの練習を離れても自宅や寮などで、過度な自主練習を続けていたはずである。練習とは、量ではなく、質であることを強調する。また、氏が、ピッチャーでありながら、甲子園で 6 本のホームランを打てたことに関しても、これもたった一日 50 回の素振りによるものだと言う。確かに、ピッチャーでは、通常の練習時間中にはバッティングの練習時間は野手に比べて短時間だっただろう。人間はバットを、500 回も 1000 回も全力では振れないからだと述べる。その数では、人は途中で手抜きをしてしまい、それを脳や身体が手抜きを覚えてしまうことを憂慮している。桑田氏は、現役引退後、早稲田大学大学院で学び、修士論文では、日本の「精神野球」「根性野球」のルーツを踏まえた上で今後の野球界のあるべき姿について論じている。（桑田：288-89）いまだに日本の野球界に残る「貯め込む」練習を批判する。悪しき伝統と断罪する。8 月に暑い時期にスタミナを発揮できるように 2 月に走り込みをすることや、3000 球も投手が投げ込みをして役にたつのかという疑問である。さらに、理不尽な「しごき」「上下関係」「体罰」も強く批判し、それでは野球を楽しめないとする。氏は楽しむ野球を目指しているのである。現在も残る弊害ゆえに、多くの人が野球を離れていったのを目にしてきた。それを防ぐための優れた指導者の育成こそ必要であると主張する。野球界と社会の密な繋がりこそ、氏の目指すものである。

ここで追記したいのは、欧米では、学生スポーツも賭けの対象となるということである。この状況下では、多額のお金が動くし、真剣な眼差しにより厳格なルールが求められることも当然である。NFL（National Football League）（プロ）はもちろん、NCAAF（National Collegiate Athletic Association Football）（大学リーグ）の試合も、賭けの対象となる。

賭けの対象となることで、悪いことが増えるわけではないのである。日本独特のルール、例えば、理不尽な先輩後輩関係をかなり排除する可能性も持っているのである。先輩後輩関係には、実力に関係なく忖度する関係も含まれる。いくつかのスポーツの試合の時に、現在は、忖度がはたらくこともあるだろう。しかし、その可能性を、賭けを導入することで減らせる。なぜなら、一般人の多額のお金が動くからである。出資すれば、ジャッジやプレー、ルールに賭けた人は、チームの真の実力に無関心ではいられないであろう。

賭けからは離れ、先ほど述べた先輩後輩関係について考察したい。2015 年のプロ野球の野球賭博事件や、2016 年のバドミントンの違法カジノ事件の、どちらのケースも先輩が、後輩を誘っていることを、梅垣明美氏（友添：103）は指摘している。梅垣氏は、日本独特の上下関係はスポーツ界の美徳な部分でもあるが、マイナス点も多いと続ける。

梅垣氏は、「古代オリンピックでは、八百長をした者は罰金でゼウス神像を建てさせられ、罪状が刻まれていました。」と言う。（友添：105）どのアスリートもこのことを胸に刻むべきであろう。もっとも昨今では、ゼウス神に頼るよりも、過去の悪行はネット上にいつまでも刻まれるという時代なので、スポーツ選手や有名人は安易に違法行為に手を出すことが、非常にリスクの高い時代であることを肝に銘じておかなければならない。

もう一例、先輩後輩関係の難しさを挙げると、2018 年 8 月、ジャカルタで、日本代表の男子バスケットボール選手 4 人が現地で、買春行為を行ったことが明らかになった。これも、おそらくは、年長者が年少者をリードしたものとされている。

また、先輩後輩関係ではないが、指導者の持つ権力も往々にして歪んだものとなる。2012 年には、柔道女子日本代表選手 5 人に対する、監督による暴力問題が発生した。代表合宿中に起きたもので、直後に監督はハラスメントを認めたのにも関わらず、監督に対する処分が下されたのは、マスコミが報道した後のことであった。この件について、バルセロナ五輪柔道メダリスト、溝口紀子氏は、2018 年 8 月 28 日の読売新聞で、「特に柔道のような格闘技系は、段位という圧倒的なヒエラルキーがあり、努力より人やお金のつながりという旧態依然としたピラミッド社会に感じる。常識とはかけ離れているが、本人たちから見れば内部のルールは守っている。」と述べる。

さらに、メダリストの溝口氏は、五輪の代表選考は、禍根を残しており、そのことによって協会や連盟と距離を置くようになった選手を数多く見てきたと証言する。御自身もそうであろう。現在、氏は大学教授のポジションにあり収入を確保できているから、自由に物を言えるのである。そうでなければ、今までのしがらみからコメントは難しいし、実際にはそのような元選手が大多数であろう。メダリストでさえそうなのである。さらに氏は「フランスでは経営管理の国家資格を持った人が、柔道やゴルフなどの連盟間を数年ごとに回る。日本でもスポーツ関連法やガバナンスを学ぶ専門の研修制度を作り、それを終えた人が専門理事につくシステムにしたらどうか。」と問う。つまり、こういうことだろう。現在、多くの日本代表の指導者、彼らによる指導体制がスポーツ経験者の「勘」や「人間関係」に基づいており、論理的学習に基づく指導では無いということであろう。

ジャーナリスト島沢優子氏は、日本の中高生が、柔道で死亡する例が多いことを指摘する。（https：//toyokeizai.net/articles/amp/364635?page=3）

2010年の時点であるが、121人である。異常である。いまや柔道大国となったフランスでは、0、ドイツ、アメリカ、オーストラリア、ニュージーランド、イタリアも同様である。フランスは、柔道人口は、60万人おり、日本の柔道人口の4倍以上なのである。

この記事の中で、さらにバルセロナ五輪男子柔道86キロ級銅メダリストで筑波大学体育系准教授の岡田弘隆氏が、この差を、指導者の問題であることは間違いないと断言する。2008年「つくばユナイテッド柔道」を設立。少年柔道の指導、普及に尽力する。受け身を重視し、指導者が、投げられてやったり、投げたりして、一本を取る喜びや楽しさを味合わせるべきだと説く。早く強くしたいと焦る指導者が、その喜びの部分を飛ばしがちであると指摘する。日本の柔道人口は、2019年は約14万人、コロナの影響もあるが、2020年は6月時点で5万5000人。ここ数年は、毎年5000人規模で減少している。

体制が、古色蒼然としている。代表選考の不公平、例えば、組織と選手の対立があった場合は、選手が泣き寝入りするケースが多かった。2003 年、日本オリンピック委員会や、日本体育協会などの総意に基づき、「日本スポーツ仲裁機構」が設立された。だが、釜崎太氏は、「代表選考などで不利益を被った選手の申し立てが多くないのが現状です。」（友添：127）と言及している。有効な活用は、今日でもまだまだされていないようである。文部科学省の調査によれば、（文部科学省：51-53）平成 6、7 年に、ある女子体育大学の学生に行った調査では、中学校、または高校での部活動で暴力を受けたことがあるかという質問に対して、あると回答した学生は 37 パーセントにのぼっている。そして悲しむべきことに、暴力を受けた学生の方が、受けたことのない選手よりも、自分がコーチになったときに暴力を振るう可能性が高くなるのである。暴力を受けたことのない選手 18 パーセントに対して、24 パーセントである。「決して殴らない」と言い切った回答に関しては、受けたことのある選手は、21 パーセント、無い選手は 35 パーセントなのである。つまり、暴力教育は連鎖しやすいのである。また平成 25 年、ある体育大学の学生に行われた調査によれば、体罰を容認する者が、40 パーセントにのぼっている。驚くべき数字である。今度、この数字が下がってゆくことを願ってやまない。

「知識、技能を学んでも、実際のコーチングの現場においては、自らが競技者として経験してきたコーチングの在り方に影響され、新しく得た知識・技能が十分に活用されない場合もあるとの指摘もあります。現在は、過去の経験や知識だけでは通用しない時代であることは明白であり、国際的な知見も参考にしながら、コーチングに必要なスポーツ医・科学の知識・技能について学び、それらを適切に活用することを身につけることが重要です。」（文部科学省 54-55）

科学的に理屈の通ったコーチングが要求されている時代なのである。

また、釜崎太氏は「スポーツの健全性を守る方法の一つとしてドイツの「フェライン」（Verein）というスポーツクラブの導入を提案している。（友添：128）これはコミュニティ型のスポーツクラブで、18 世紀には組織され、読書をする人たちの集団から生まれてきたという。50 万以上あるとされる。何かしらの「フェライン」に属する人は 2000 万人を超える。人口の 3 分の 1 である。日本では 5 万程度である。有名なのは、サッカーチームである。現在でも、スポーツそのものよりも、スポーツクラブでの飲食を含めた「社交性」に重きが置かれている。スポーツ引退後も会費を払い続け、ボランティアとして参加する。お客様ではない。

さらに、日本の学校部活動独特のシステムとして、連帯責任がある。「この連帯責任を負う日本型システムことが個人の行為を規制する重要な機能を果たしています。」（近藤：66）近藤氏は、この連帯責任のシステムによって、全国大会が決まっているチームでも出場取り消しになる場合があり、部活停止、さらには部を解散させられたケースもあると言う。このシステムは、日本の部活動の善と悪の部分を併せもっている。部全員の非行を防止する役割も果たすが、一部の生徒のために道を断たれた他の部員にとっては理不尽である。

2008 年 3 月 5 日の朝日新聞には、メンタル・トレーナーの田中ウルヴェ京氏が、若いスポーツ選手を日本のメディアが取り上げることの功罪を論じている。氏は、「有名にすることは、持ち上げるだけでなく、引き落とすことも兼ねている。」と語る。確かに、10 代半ばでメディアに取り上げられ、いったんスターになると、周囲も期待し、本人もそれに応えるべく努力や精進を重ねるし、前の大会と同等以上の成績を残すことが期待される。それは、成人したスポーツ選手が同種のストレスやプレッシャーに対処するよりも、はるかに難しいと思われる。田中氏は、「一つのことに打ち込むのは日本の美」であると語り、さらに、「セルフ・アイデンティティー（自己同一性）」を一つだけで構築していると、その一つがだめになった時、まるで死んだみたいに感じる」とし、二つ以上のアイデンティティーを作っておくべきだとも言う。つまり、精進のためのスポーツではなく、エクササイズ、長い目で見る人生設計としてのスポーツということだろう。

2011 年 6 月 1 日の読売新聞には、俳優の長谷川初範氏が、高校時代のアメリカ・オレゴン州留学時代について語っている。剣道で国際交流をするために留学した長谷川氏だが、そこでレスリング部のコーチから、非常に痩せていた長谷川氏にもっと筋肉をつけるために入部を勧められた。そこでの科学的トレーニングや、人前で絶対に叱らず、対面しながら問題点を指摘する態度に感銘したという。根性を強調する日本式スタイルではなく、様々な基本運動を繰り返すサーキット・トレーニングや、また、常にほめて育てるという指導方針も新鮮であったという。その練習の甲斐あってレスリングの試合でも次々と勝利をおさめることができた。現在の俳優業においても、臆することなくアメリカ人とわたりあうことができるという。氏にとっては、新たな視界が開けたと言えるだろう。それは一つのスポーツにおける挫折ではなく、新たなスポーツに開眼したのである。そして、氏の現在の俳優業にプラスになっているのである。様々なスポーツに取り組むことによってより複合的な人生を歩むことができる。「一筋に打ち込む」ことをしなかったために獲得した複合的視野および人生であろう。

◈ 3．部活動の顧問の立場というものについて

中高部活動の顧問が、部活動指導の麻薬性について述べている。専門教科を教えるよりも、すぐ結果の出る部活動の方に力が入ってしまうというのである。その状態を、近藤氏は、部活動の麻薬性と呼ぶ。とある教師は、「麻薬ですから引きこまれるとそこから抜け出すことが難しくなります。動機レベルの高い生徒達に教えるのは先生にとっても楽しいことですし、熱心に携われば携わるほど生徒たちのレベルが目に見えて向上しますから、とりつかれてわからないではありません。」（近藤：75）近藤氏は、教師は、あくまで授業に力を注ぐことが教師の本分であるとしている。さらに、「部活動では、その活動方針に合わない場合は、いくら興味があっても部活動には参加できません。多くの趣味があり、スポーツ活動に週２日だけ参加したいと言っても現状では不可能か、難しいでしょう。」（近藤：77）学校の部活動は、融通が

全くきかないのである。さらに、それだけ毎日活動するのであるから、部活動が体育館を占有する。ゆえに、部活に入っていない生徒が、体育館や、グラウンドでのスポーツを楽しめない状況になっている。近藤氏は、このことは教育の機会均等の理念を奪っていると言う。また、氏は各自が一つの種目のみを追求する日本的スポーツ観を批判し、それとは違ってシーズンごとに専念する種目を変える、シーズン・スポーツの普及を提唱している。氏は次のように言及する。「かつて、122 対 0 の日本の高校野球が話題になりましたね。こんな試合はアメリカでは実現しません。『人間の尊厳』を傷つけてはいけないという考え方が根底にあるので、こんな大差には決してなりません。」（近藤：91）尊厳よりも、全力を重んじる日本の部活動ならではの得点差である。ともすれば極端な状態に陥りがちな日本の部活動の一面を示す事例であろう。

では、教員側の部活動に対する不満はどうであろうか。名古屋大学大学院の内田良教授が調査したところ、（内田 1：7）多くの中高教員が部活動顧問を辞めたがっている。なぜ教師、特に若手は全員顧問が強制なのか。授業に向かい合う時間がない。などの声を紹介している。生徒だけでなく、教員も疲れ、疑問を抱いている。文部科学省の中高の学習指導要領には、部活動は「生徒の自主的、自発的な参加により行われる」と明記されているにも関わらず、実質的には生徒、教員ともほぼ強制的であり、両者とも疲れている。また内田氏は、中学サッカー部の顧問を 20 年以上続けた教員のインタビューをしている。（内田 1：142）その教師は、顧問を引き受けた時は、サッカー好きではあったが高度な指導技術を有していたわけではなかったらしい。そのような不安含みのバックグラウンドであったが、一度チームが強くなると、その地域の実績ある有名中学の部の顧問とも仲良くなり、その仲間内での飲み会に参加するようになり、次々と練習試合のオファーが入ってくるようになった。その状態は、最高に気分がよく、土日も潰して部活動にのめりこんでいったという。このような状況を続ける多くの教員の家庭は崩壊に向かうし、このサイクルを「部活中毒」（内田 1：230）もしくは、「麻薬」と呼ぶ先生もいる。

だが、内田氏は、「公共のサービスたる部活動は、定額で機会を保障してくれるけれども、それ以上のものではない。エリートを目指すのであれば、私費を投じて民間の機関で特別な指導を受けなければならないのだ。」（内田 1：211）という。勉強に例えるならば、学校での授業が終わった後に塾に通うようなものだ。確かに、この場合は、学校という縛りから離れられる。

また、エリートのためだけに役立つのではなく、そこまで上を目指さなくてもよいケースも氏は認めている。民間のクラブチームにもエリート養成ではないクラブチームがあってもよいのではないかと述べている。

しかし、そのような提案や視点がある一方で、先ほどの顧問のように、部活動にのめりこんでしまうケースもまだまだ多い。（内田 1：38）「だって、あれだけ生徒がついてくることって、中学校の学級運営でそれをやろうとしても難しいんですよ。でも部活動だと、ちょっとした王様のような気持ちです。生徒は、『はいっ！』って言ってじぶんについてくるし。そして、指導すれば、それなりに勝ち出すと、今度は保護者が私のことを崇拝してくるんですよ。」さらに続ける。「『先生、飲み物どうですか～？』『お弁当どうですか～？』って。飲み会もタダ。『先生、いつもありがとうございます』って。快楽なんですよ。ホントに。土日つぶしてもいいかな、みたいな。麻薬、いや合法ドラッグですよ。」と。部活動を合法ドラッグとまで呼ぶ、とある教員の証言である。大会などに見学に行けば、必要以上に選手に罵声をあびせ、鼓舞している教員をよく見つける。まさにこのケースではないだろうか。

また、島沢優子氏によれば、親も過大な期待を子供にかけてしまうケースも多いとする。（島沢：144）東海地方で少年野球チームのコーチを務め、自分の息子二人も高校公式野球部に入れた50代の男性は、そのことに関して、もしかしたら、子供がプロになれるのではないかと期待してしまったと言う。そして、そのような親の中には、監督に勝てるチーム作りを過度に要求したり、朝練習をもっと増やしてくれと要求したりする親も多いと述べる。まるでそれは親の人生の、「敗者復活戦」になっているのではないかとコメントする。その男性いわく、もう親は自分の人生では夢を見られないので、子供に託すのだと言う。

しかし一方で、2019年6月1日の読売新聞によれば、東京の区立中学や、都立高校が、「ゆる部活」を設立したという記事がのっている。前述した、千葉市の千葉聖心高校の、ユニークな部活動「カーレット部」に近いものであるが、世田谷区立尾山台中学の体力向上部では、朝と放課後に週2回ずつ、ダブルダッチやソフトラクロス、水泳などで体を動かす。世田谷区立船橋希望中学校の軽運動部では、月 1、2 回の活動であり、フライングディスクやダブルダッチなどを楽しむ。飛び入り参加も可である。練馬区立大泉学園中学校のレクリエーションスポーツ部では、活動は週 2 回。ドッジボール、バドミントンなどの中から話し合いで取り組む競技を決める。神奈川県立厚木北高校のヨガ同好会では、活動は、月 1 回。自由参加で、大会などに出ないので個々のペースで取り組める。少しずつ新しい部活動のあり方を提示しているのではないだろうか。この動きに関連するのが、e スポーツであろう。全国の高校で、少なくとも約 80 校で e スポーツ部が活動中である。(2019 年 5 月 25 日　読売新聞) e スポーツは、エレクトロニック・スポーツの略で、コンピューターゲームやビデオゲームをインターネットを介してチームや個人が対戦する。主要な大会はスタジアムなどで観客を集めて行われ、高額な賞金も提供される。東京都品川区の明優学院高校では、7 人が所属している。週 3 回練習する。遊びの時とは違って集中力が増すらしい。協調性や自主性も養えると顧問は言う。

だが、ゲームを学校に持ち込むことは、勉強の妨げにならないのかという意見もある。世界では、2022 年に中国・杭州で開かれるアジア大会で正式競技になることが決まっている。しかし、国際オリンピック委員会 (IOC) は 2018 年 12 月、「e スポーツをスポーツと扱うかどうか、対話が必要だ」としているし、スポーツ庁も、「スポーツとしての認知度はまだ高まっていない。国内外の議論を注視して判断したい」とした。全国高等学校学校体育連盟は、高校総体で採用の申請はなく、議論する段階ではないが、いまでも夏冬 30 以上の競技があり、新たに追加するのは難しいと述べる。今後、このｅスポーツがいかなる発展を遂げるか未知数であるが、ゆる部活の発展と同時に興味深い。筋肉勝負でないスポーツがどのような扱いを受けるのか、見守ってゆきたい。

4．まとめ

1. では、スポーツは、今や種類も増え、世界中で多くの人々が取り組んでおり、ある意味文字化されていない世界共通言語（体験）でもあることを今回の論文の中心に据えることを述べた。無数にある日本文化の特徴の中で、多くの人々が学生時代を中心に経験のある「スポーツ」を分析することが、独特の日本文化の理解に繋がると考えた。

2. で論じたのは、日本独特のスポーツと部活動、である。欧米との違いは、日本的な人間関係にもあてはまるのではないだろうか。ある特定の人物や組織とだけ親密な関係を築いてしまうと、その関係に依存してしまい、その関係が崩れたときに、現在の生活全てを失ってしまうような感覚になってしまう。日本人は集団行動を非常に重視し、かつ、全員による話し合いにも非常に重きを置く。集団で意思決定し、行動に移そうとする場合、全員で話し合ったという事実が大事なので、「話し合いの場にいる」ということが重んじられる。

3. で論じたのは、部活動の顧問の立場というものについてである。中高部活動の顧問が、部活動指導の麻薬性について述べている。専門教科を教えるよりも、すぐ結果の出る部活動の方に力が入ってしまうというのである。その状態を、近藤氏は、部活動の麻薬性と呼ぶ。これは、職務に忠実な先生ほど陥りやすい、状況であろう。しかし、現在の日本の流れは、教員の負担を減らすために、地域への部活動を移行しようとしている。やはり、各教科の先生は、その担当科目の技量を伸ばすことで、生徒に貢献することが筋であろう。地域への移行は、乗り越えるべき課題は多いが、徐々に進んでゆくのではないだろうか。

以上のように、欧米とは、違う日本独特のスポーツのあり方、としての問題点、改善すべき点に対する提言を分析、論じた。今後、日本人の平均寿命を考えると、長くつきあう必要がある、スポーツであるからこそ、いまこそそのあり方を熟慮し、再考すべきときなのである。

(以上は *Tsuru Studies in English Linguistics and Literature* No.51, Mar.1st, 2023. に掲載済)

5. 最後に

2022 年 10 月 25 日の読売新聞の記事で、アメリカ・ロサンゼルスの高校におけるシーズン・スポーツ制度のしくみが紹介されている。春は野球、秋はサッカー、冬はバスケット・ボールなど、季節ごとに取り組むスポーツを変えるもので、バランスの取れた制度だとは思う。しかし、親の金銭的問題、指導者の確保の問題など、これはこれで問題があるようである。だが、日本によくある、「この道一筋」的な考え、なおかつ「根性論」を防ぐ効果はあるだろう。さらにヨーロッパではもう、学校からクラブを切り離し、民間クラブが中心になっている。親たちも学校に期待などしていない。フランスでは、本格的なアスリート活動を目指す生徒は、数多く存在する民間のスポーツクラブや国の育成機関に移るシステムになっている。

今こそ、全員がプロのアスリートになるわけではない学生たちに、もう少し「楽しむ」要素を与えるべきであろう。一つのスポーツに打ち込みたい学生は、自分の意志で、そうすればよい。民間の指導者からは、日本のように、怒号が飛んでくるわけがない。この 50 年ほど変化していない、日本の学生スポーツ（中学・高校）の在り方が、いま、強く問われている。

参考文献

稲垣正浩 『イギリス文学のなかにスポーツ文化を読む』スポーツ学選書・17、2006 年。

内田良（＝内田 1）『ブラック部活動』 東洋館、2017 年。

（＝内田 2）『学校ハラスメント』 朝日新聞出版、2019 年。

大村敦志 『ルールはなぜあるのだろう』 岩波ジュニア新書、2008 年。

勝田隆著、友添秀則監修 『スポーツ・インテグリティの研究』 大修館書店、2018 年。

河田剛 『不合理だらけの日本スポーツ界』 ディスカバー携書、2018 年。

桑田真澄 『心の野球』 幻冬舎文庫、2015 年。

近藤良亨 『スポーツ倫理』 不昧堂出版、2012 年。

高橋孝蔵 『倫敦から来た近代スポーツの伝道師』小学館 101 新書、2012 年。

島沢優子 『部活があぶない』 講談社現代新書、2017 年。

東洋経済 ONLINE　2020 年 7 月 25 日

(https：//toyokeizai.net/articles/amp/364635?page=3)
鈴木透　『スポーツ国家アメリカ』 中公新書　2018 年。
ジェラルド・ガンニー他著　宮田由紀夫訳
『アメリカの大学スポーツ　腐敗の構図と改革への道』 玉川大学出版局、2018 年。
玉木正之　『今こそ「スポーツとは何か？」を考えてみよう！』春陽堂書店、2020 年。
友添秀則編著　『よくわかるスポーツ倫理学』ミネルヴァ書房、2017 年。
文部科学省編　『私たちは未来から「スポーツ」を託されている』 学研、2013 年。
山本敦久　『ポスト・スポーツの時代』 岩波書店、2020 年。
湯浅真弥　『スポーツビジネスの動向がよーくわかる本』秀和システム、2017 年。
吉田文久　『ノー・ルール！』 春風社、2022 年。

Harrison,S.
The Popularity Paradox: Issues of Safeguarding Mob Football Games in the East Midlands of England, in S.Lira, R.Amoeda&C. Pinheiro (eds.), *Sharing Cultures 2017*, pp 219-228.
McFee, Graham
On Sport and Philosophy of Sport: A Wittgensteinian Approach Routledge, 2015.
Parry,J.
"*E-sports are Not Sports*", Sport, Ethics and Philosophy, 13 (1).
Valeri,Massimo
Corporate Social Responsibility and Reporting Sports Organizations, Springer, 2019.

◆◆ 第 2 章 ◆◆

日本社会のグローバル化による ビジネス言語の変化

第2章

日本社会のグローバル化による ビジネス言語の変化

1．はじめに

コロナ禍以降、日本企業は生産拠点を海外から国内に回帰させる方向に動きだした。コロナ禍以前に大きく進展した経済グローバル化が逆行し始めたともいえよう。

こうした状況のなかでグローバルビジネスにおけるコミュニケーション言語にも変化が生じている。ビジネスにおける共通語として絶対的な存在感を示していた英語一辺倒から中国語、さらには日本語も少なからぬ役割を担うようになってきている。

そこで本章では日本企業のビジネスにおけるコミュニケーショ

ン言語がどのように進展したかを確認しながら、コミュニケーション言語の在り方と異文化理解の関係を考察する。

2．高度成長時代・安定成長期のコミュニケーション言語

1960 年代の高度成長時代、「作れば売れる」という時代でもあったが、その時代には日本国内の従業者は日本人だけで完結していた。「日本は単一民族の国」ということが国民の共通の認識であり、英語を始めとする外国語が日常生活やビジネスシーンで使われることはめったになかったのである。

英語教育についても、明治時代に諸外国の文化を原書の読み書きを中心に理解し、取り入れていたのと、大きな差はなかった。もっとも英語が敵性言語であり、「使用することが憚られた」という事態から、「戦勝国の豊かさを象徴する言語」として憧れをもって修得を目指す人が増えたことが大きな相違点となっていた。

また、第二次世界大戦前までには、英語の他にも、ドイツ語、フランス語、ロシア語など、ヨーロッパ言語は満遍なく、国際社会での重要性が認識されていたが、戦後には英語を修得することがまずは大きな目標に置かれることになった。

ただしそれでも多くの日本人にとって英語、イコール外国語は、身近な存在ではなく、海外事情の理解は英語の書物を通して、断片的に入手できる程度であった。

たとえば,関東には「京浜工業地帯」、関西には「京阪神工業地帯」が存在し、東海地方の中京工業地帯を加え、太平洋ベルト工業地帯を形成していた。その他にも北九州や瀬戸内でも工業地

帯が形成されており、日本全国に製造業が溢れていた。

もちろん、そこには外国人労働者は存在せず、異文化コミュニケーションもなかった。「単一民族」の日本人が日本語のみを用いて意思の疎通がなされていたのである。

こうした社会環境が変わり始めたのは1980年代に入ってからである。1970年代の石油危機を経験しても日本の成長は終わらなかった。成長の度合いが鈍り、高度成長から安定成長へとトーンダウンしたものの、世界経済を引っ張る強力な牽引車であることには変わりなかった。「米国に次ぎ世界第2位の経済大国」として、ドイツ、フランス、イギリスの一歩先を行っていた。だが、そうした日本の躍進は米国からは歓迎されなかった。「日米貿易摩擦」という見出しが連日、一般紙や経済紙を賑わすようになっていた。とくに自動車をめぐる日米の競争は過激度を増す一方で、日本企業は「安価で高性能な自動車」が「アンフェアだ」という批判を受けるようになっていた。

「こうした状況から脱却するためには日本円の価値を切り上げる必要がある」と米国は日本に迫り、日本円の対ドルルートは、1ドル360円から200円台へと切り上げられていった。

さらに事態が決定的に変わったのが、1985年のプラザ合意である。プラザ合意で「円高ドル安」が容認され、1ドルは150円、さらにはtasshitekita　それよりも円高は進み、一時は1ドル75円を記録するまでになった。

同時に日本人の生活も大きく変わった。「強い日本円」が世界を席巻し、欧米の不動産や企業に相次いで投資を行い、「ジャパンアズナンバーワン」ともいわれるようになった。バブル経済が訪れ、日本の地価も株価も上昇した。

そしてこの時代からしきりにいわれるようになったのが「国際化の推進」である。日本の国内的には英語学習がブームとなり、多くの英会話教室が開講され、強い日本円に魅力を感じた外国人が仕事や観光で日本にやってきた。

大学には相次いで国際学部が誕生した。それまで主流だった読み書き中心の英語学習ではなく、コミュニカティブな視点からリスニングやスピーキングを重視したプラクティカルイングリッシュに注目が集まった。大学の授業のみならず、研究においてもイギリス文学、アメリカ文学よりも英米文化の研究が重視されるようになった。シェイクスピアよりもTOEICが役に立つ時代になったともいえよう。

ただし、日本の貿易黒字に対する圧力は強まるばかりであった。安すぎるという批判を浴びた日本車は「輸出自主規制」を行い、生産量を抑えていたが、それも限界に達してきた。日本国内に生産拠点を構え、サプライチェーンをそのなかで完結させるのではなく、海外に生産拠点を移転し、サプライチェーンをグローバル化し、日本からの総輸出量を抑える必要が出てきたのである。

もちろん、そうなればビジネスにおける英語の重要性はそれまで以上に高まることになる。日本企業のビジネスピープルは英語を武器に海外拠点で現地従業員をマネジメントしていくことになったのである。

3. 海外進出における日本式経営の実践

日本企業は米国などの圧力もあり、現地生産に乗り出した。北米や欧州などに相次いで工場を建設したのである。ところがそうして建設、運営されることになった工場は、欧米の概念で考えるフォード生産方式の大量生産型工場とは異なっていた。

しかし当初、欧米の感覚では日本企業のやり方が欧米企業のやり方とどこがどのように違うのかがよくわからなかった。しかしどことなく感じる違和感から日本式の工場は「トランスプラント」と呼ばれるようになった。実際、外部から移植された工場という意味だが、欧米型の工場とは異なる方式が採用されていたのである。

欧米諸国は当初は日本型の工場に戸惑った。たとえば、始業前に日本式の工場では朝礼や準備体操が行われた。しかし、合理的な米国人にとっては「それが生産現場の実際のオペレーションにどのような効果やメリットがあるのか」ということは全く明らかにされていない、ムダそのもののようにも捉えられた。だが、それでもそうした朝礼や準備体操が従業員の団結力や協調性に少なからぬ効果があることが指摘された。また日本企業が重視した企業理念も欧米諸国ではなじみのない考え方であったが、日本式経営の一環ということで日本企業の躍進の秘密を握る奥義とも見なされた。そして一連の日本式の従業員管理は「日本式経営」を研究するという視点からビジネススクールなどの MBA コースでも取り上げられることになった。

そしてその流れのなかで欧米人は日本語にしかない初めて耳に

する概念を知ることにもなる。kaizen(改善) や kanban（看板）はその代表的なものである。また和製英語も市民権を得ることになる。Just in time(JIT) や lead time, Walkman などは、いまでは一般的な英語として使われている。

日本人がグローバル化の流れのなかで英語を修得しようとしたように、米国や欧州でも、日本企業の現地生産工場で働くために、日本語を学び、日本企業の慣行を理解しようという動きが大きくなっていったのである。

4．中国生産へのシフト

日本企業の北米、欧州への工場進出は 1990 年代を通して拡大していったが、日本国内の景気は回復しなかった。バブル経済の崩壊した 1990 年代は日本経済の低迷期でもあり、国内でのリストラも進み、内需拡大の掛け声だけは大きかったが、マーケットはシュリンクしていくことになる。円高が進み、日本から欧米への輸出はコスト面から競争力を完全に失ってしまった。ただし、この時代、日本人の視点からは英語学習、外国人の視点からは日本語学習が大いに注目されることになった。

同時に日本人の英語学習に対する姿勢も大きく変わった。漢文や蘭学、明治時代以降の英語学習に見られる読み書きを重視した英語学習は大学受験における弊害的な語学学習法とみなされた。英会話スクールのリスニング、スピーキングの授業でも日本人講師ではなく、ネイティブ講師が当たり前になり、複雑な英文を理解する力ではなく、平易な英文を流暢に正しい発音で話し、ネイティブの話を完璧に理解できようになることが、ある意味、新しい国民的な目標に設定された。

こうした日本がグローバル化を目指す流れが加速するなかで中国が WTO（世界貿易機関）に加盟した。共産圏にあり、資本主義諸国とは一線を画していた中国が門戸開放の名のもとに、自由貿易の開始を宣言したのである。そして日本はそれを好機と捉え、中国への工場進出を開始したのである。

ただし、当初の日本と中国との協力体制は慎重かつ部分的なものであった。まずが開発輸入というモデルが採用された。開発輸入とは日本企業の工場進出を中国の経済特別区（特区）に限定し、特区に建設した工場で製品を生産し、港湾地域などの保税区で検品や蔵置を行い、完成品を中国から日本に輸出する、というビジネスモデルである。

日本側の対応は慎重そのもので米国との関係を尊重しながらの進出で、自動車や半導体ではなく、まずはアパレルの縫製工場が中国沿海部の特区に進出した。アパレル産業の縫製工場や染色工場は安価な労働力を必要としているが、北米などに現地生産工場を建設しても、労働コストが高いために採算が合わなかった。しかし、当時、人件費が日本の 10 分の 1 といわれた中国の質の高い労働力ならば、安い生産コストで高品質のアパレル製品を日本国内に輸出できた。さらにいえばアパレル工場の建設は自動車の組立工場などとは異なり、比較的建設コストもかからず、設備としても縫製用の工業ミシンを揃え、優秀な労働力を確保できれば必要条件を満たすことはできた。労働集約型の縫製作業にあたっては手先が器用で教育レベルの高い中国人女性を十分に確保することもできる。

実際、アパレル生産の中国生産で大きな成果を上げたのが、ユニクロやしまむらである。ユニクロやしまくらはSPA（アパレル製造小売業）というビジネスモデルで中国生産で安価で高品質なアパレル製品を量産し、2000年代初頭から、無人の野を行く勢いで大きく成長したのである。

アパレル企業が中国進出で成功すると、次に食品工場や家電、さらには日用品や化粧品の工場が相次いで建設されることになった。また、中国から多くの留学生が来日し、コンビニや生産現場などでアルバイトなどをしながら学費を稼ぐ姿も見られるようになった。そしてそうなると、外国語イコール英語、国際化イコール英語という概念は崩れ、中国語を学習する日本人が格段に増えた。

その一方で、多くの中国人留学生は日本語を学ばなければ日本での生活を送れないので、必然的に日本語学校の需要が増えた。日本語教師のニーズも大きくなった。

「国際化の流れのなかで日本語は必要ない。英語を中心に外国語を学習する必要がある」と考える日本人の語学学習に対する価値観は大きく変化していくことになるのである。

5．英語教育から日本語教育へ

日本の大学で日本人の教員が日本人の学生に英語を教える機会はグローバル化の流れのなかで大きく減少した。英語教育はネイティブスピーカーが中心になり、日本人教員による英語の授業は激減したのである。しかし、語学学習にはネイティブスピーカーではなく、第2言語としてその言葉を選択したノンネイティブが言語教育を行うことで、言語修得の苦労や工夫を知ることで、単なる語学修得では果たせない効果を実感できるケースがあるように感じられる。多言語社会でもある欧州で、イギリス人がフランス語やドイツ語、さらには死語でもあるラテン語や古代ギリシャ語を教養として学ぶのは語学学習を経て、言語とは別物の何かを修得しているためとも考えられるのである。英語でシェイクスピアやミルトンを読むのは語学学習のためではなく、教養を醸成することであり、思考力の広がりを外国語学習を介して実現するためともいえるのである。原書で英米の古典に触れることはビジネス現場での即効的な英語力には結びつかないかもしれないが、より根源的な発想力や応用力を長期的な視点から養うことを考えた場合、決して否定できない効果やメリットを享受できるのである。

しかし、グローバル化の流れのなかで古典を通して語学を読み書きを中心に学んでいくというプロセスは「古き良き時代の外国語学習法」ということになってしまった。英語教育から古典の名作を教材とするという考え方は駆逐され、「実践力のある英語」「使える英語」という観点から TOEFL や TOEIC などの英語圏の資格試験で好スコアを上げることがメーンテーマとなっていくのである。

その結果、確かにシェイクスピアやホーソーンを知る人は少なくなった。しかし、TOEFL や TOEIC 対策に精通した人は増えた。日本企業は入社や課長試験などの昇進の条件に TOEIC の目標点を設定するようになった。社内会議を英語で行う企業も増えた。同時に海外留学やワーキングホリデーなども多くの人たちにとって身近なものとなってきた。

さらにいえばそれとともに日本人の英語学習者の年齢層も広がりを見せてきた。小学生が一人でハワイに行き、英語でやりとりをしてきたり、定年後や老後に高齢者も英会話を始めたりするなどといった具合である。実際、英語教育は小学生から始まり、幼稚園・保育園の英会話スクールも少なくない。

ただし、だからといって日本人の総合的な英語力が向上したというわけではない。TOEIC などの日本人の得点力は世界的に高いとはいえないという結果が出ている。英語学習は広まり、日本人のスピーキング力、リスニング力などはレベルアップしたが、読解力、ライティング力は落ちてきているのかもしれない。

もちろん、翻訳サイトの機械翻訳や自動翻訳を利用すれば読解力やライティング力に過度な時間をかける必要もなくなってきているのかもしれない。

6. 日本語教育の伸びしろ

日本のグローバル化の流れのなかで日本語教育の需要も大きく増した。少子高齢化の進展を受けて「、留学生 10 万人計画」「30 万人計画」を推進し、大学・短大、専門学校などに多くの留学生を受け入れてきた。そして留学生の受け入れに合わせて、増えてきたのが日本語学校である。

日本語教育は国語教育とは異なる。国語教育が母語としての日本語を日本人を対象に行う目的として存在するのに対して、日本語教育は主として留学生などの外国人の日本語修得のためにある。

だが、母語としての国語教育と第2言語としての日本語教育ではその方針や目的が大きく異なる。

母語としての国語教育では古典・漢文の知識も含めて、緻密で広範な日本語に対する知識が求められる。文法でいえば、動詞、形容詞、形容動詞などの細かい活用や格助詞、係助詞、接続助詞、副助詞、終助詞といった助詞の使い分けなどを時間をかけて学んでいく。また覚えるべき漢字の数も常用漢字で2136字ある。

それに対して日本語教育は、英語のBasic Englishの発想に近い出発点から始められた。「外国人が短時間で日本での生活に必要なとりあえずの日本語力を身に着ける」ということが前提にある。

しかし、日本語文法を単純化できるだけ単純化したものであることから、長年、英語などの外国語教育に従事してきた、日本語・国語以外の語学の研究者の視点から見ると、戸惑いを感じる点もある。

たとえば動詞の5段活用については、専門用語は教えず、「masuフォーム」「ruフォーム」（辞書型）のように教える・否定形は「naiフォーム」である。また、形容詞と形容動詞の区別もない。異なるタイプの形容詞があると捉えさせる。

一連の日本語の使い方についても「やさしい日本語」が奨励される。「やさしい日本語」とはたとえば大震災などの発生に際して、外国人が専門的な日本語を理解できないこと危惧して平易な表現でそれをカバーしようという発想からできあがった。

たとえば「今朝」とはいわず、「今日の朝」ということを推奨する。「危険」ではなく、「あぶない」、「確認する」は「よく見る」となる。大学の研究室やNPO法人だけではなく、地方自治体などでも「やさしい日本語」で外国人への情報発信を行うケースが増えている。

しかし、厳密な言語活用を前提とする言語の研究者の立場から、あるいは異文化理解の視点から考察してみても、その潮流については、完全には肯定できない、

その理由はいくつかあるが、最大の理由は日本語の理解が日本人と外国人の間に大きな齟齬が発生するリスクがあるということである。「悪貨は良貨を駆逐する」というが、「やさしい日本語」が悪貨かどうかはともかく、これまでの緻密な日本語の体系を揺るがすリスクになるのではないかという危惧である。今朝という語にある日本語の美しさや語感が「今日の朝」という言い方、一昔前ならば、「今日の朝ではなく、今朝というんだよ」と少年少女期に直されていた言語修得過程が消え失せることになるのではないか。日本語の多様性とそれから醸し出される美しさが単純化されることにより消えるリスクを感じるのである。

したがって、もし外国人にわかりやすくということから「やさしい日本語」を使うならば、その部分への配慮も必要になってくる。やさしい日本語は便宜的に使われているに過ぎないこと、今朝ではなく、「今日の朝」と書いたり、話したりするのはあくまで非常時、緊急時のみにことで、できれば今朝という表現も覚えてほしいことを日本語学習者に理解してもらう必要があるだろ

う。

海外における日本語教育熱を見るにつけ、同時に考えてしまうのが、世界的な日本食ブームである。日本人が海外移住などを行った場合、日本語を話さなくなり、英語などの現地の言葉で生活するようになることは少なくないがどんな環境でも日本食、とくにコメやみそ汁に対するこだわりはなかなか消えないという。日本食はそれほど日本人にとってのアイデンティティになっているということのようであるが、逆にいうと日本語にそこまでこだわることはないようである。帰国子女などによくあるケースとしては日本語、とくに漢字学習がどうしても苦手になってしまうということがある。日本語は修得に時間がかかるが一旦、修得すれば多彩で豊かな表現で緻密な思考も可能になるといわれている。「もったいない」「お疲れ様」「「森林浴」」わびさび」などの言葉は日本語にしかない。

また日本語はオノマトペが豊富な言語としても知られている。「ワクワク」「ソワソワ」「ペコペコ」などで微妙なニュアンスを表現する。動詞や形容詞が比較的少ない日本語ではオノマトペにより表現が豊かになっているという。しかし、オノマトペの少ない英語圏などの母語話者が日本語修得するときの学習の障壁ともなっている。だが、だからといって日本語からオノマトペを排除して「やさしい日本語」としていけば日本語らしさの構成要素は失われてしまうかもしれない。

もっともこうした議論がもはやどれだけ有効なのかはわからない。日本語を学ぶ外国人は日本国内だけではなく、海外ベースでも増え続けている。しかも、日本人が日本語教育にあまり熱心ではないということもあり、海外では日本語のネイティブ教師が不足しているという。そのため、ノンネイティブによる日本語教授が行われている国・地域も少なくない。

今後、さらに拡大することは予想される日本語教育のマーケットに適材としてのネイティブ日本語教師を供給していく体制作りも必要になってきているのである。

7．人間以外の日本語の話者

最後に人間以外の日本語の話者について考えておく。「人間以外の話者なんているのか」と思われるかもしれないが、近未来、人間以外の話者が日本語を話す可能性は相当にある。可能性としてはもしかしたらそれもビジネス言語の一つのバリエーションとなるかもしれない。

まず考えられるのが人工知能（Artificial Intelligent: AI）である。機械的にテキストを読み上げるだけではなく、あるいは想定された会話を覚えて期待される発問や回答を行うだけでなく、自分で質問を考えたり、回答を用意したりするロボットやソフトウエアはすでに存在する。現時点の会話のレベルは外国語の初級学習者程度ともいわれているが、やがて人間のほとんどの会話領域を網羅していく可能性は相当に高い。日本語を話すだけではなく、外国語を瞬間的に日本語に翻訳し、日本語と英語などの複数言語で意味を提供するというロボットが実用化されていく日も遠くないだろう。

ロボットが話す日本語は漢字変換などのミスを除けば、文法的にも完全な日本語となる可能性もあるが、人間にはない独特のアクセントやイントネーションで会話が展開されたり、学校文法、伝統文法では正しくても認知言語学、あるいは意味論的な視点からは間違っているような表現が広まったりすることも考えられる。たとえば、「机を食べる」とか「ありがとうございません」などの意味論的には正しくない日本語もAI的な独自の解釈のもとに用いられるかもしれない。

さらに人間、ロボット以外にも日本語の話者が考えられる。ペットなどの動物である。遺伝子操作などの「神の領域」に触れるかたちでサル、イヌ、ネコなどの哺乳類が言語を流暢に話し、人間と交流するというケースも考えられる。はたしてそれが許されるのかという倫理的な問題もあるが可能性としては否定できない。

さらにいえば、オウム、インコ類のようにすでに言語の発話能力を有する場合、訓練次第では複数の世代を経て、人間並みの言語能力を獲得する可能性もある。

米国の毛動物学者、アイリーン・ペパーバーグはオウムの一種であるヨウムに英語を教えて、一定の会話力を身に着けさせることに成功した。

1970年代以降、米国ではサルやイルカなどに人の会話を理解させる研究が盛んに行われており、チンパンジーやゴリラに単語カードを与えたり、ボードの記号などを指などで示させることで動物にも一定の会話理解能力があることが証明されつつあった。

こうした研究トレンドに興味を抱いたペパーバーグは、「物まね」という意味での言語能力があることがすでに知られていたオウム類、なかでも秀でた言語復唱能力を持つヨウムに人間の会話を理解させる訓練と研究を始めたのである。

彼女はオウム類の言語理解力の実証のためにアレックスと命名したヨウムを研究室で飼うことにした。アレックスは英文法や絵文字を理解するための訓練や教育を毎日受けることになる。その結果、アレックスは自分の食べたいものについて、ブドウがほしいとか、バナナがほしいとか意思を英語で表現できるようになり、数字についてもゼロの概念の理解をはじめ、個数を認識し、言語表現できるようになった。また色についても認識し、異なる色や形状が言語的に言い表していた。また、「同じ」「違う」などの意味を理解し、人間にしか認知できないと考えられていた概念を鳥類も理解できることを立証した。

映画「猿の惑星」が実現するかどうかはいまだわからないが、近未来に動物が人間並みとはいわないまでもある程度の会話力を身に着ける可能性は捨てきれない。そのときに人類以外の哺乳類や鳥類が、人類とは異なる価値観で人間と言語コミュニケーションを共有する日がくるかもしれないのである。

8．結びに代えて

本章では日本の国際化、グローバル化のプロセスを国際情勢や社会環境の変化に照らし合わせながら、英語や日本語における異文化理解、グローバルビジネスの展開などを踏まえて考察した。

高度成長期、安定成長期、バブル期、平成不況、そして令和の新時代におけるコロナ禍を通して日本社会の英語や国際文化に関わる認識は大きく変化してきた。

さらにいえば、これからのデジタル化時代を通して、言語に対する取り組みや姿勢はより大きく変化していくのかもしれない。

言語活動がそのまま文化活動にリンクしていくのならば、日本人が外国人と交流を広げて、グローバル化を遂げていくプロセスが人間と機械、人間と動物の関係にまで展開されていく可能性は否定できないのである。

絶え間なく変化していく社会環境のなかで、先入観や偏見を持たずに、柔軟な姿勢で異文化理解を進めていく必要があるといえよう。

参考文献

アイリーン・M・ペパーバーグ、佐柳信男訳、『アレックスと私』、早川書房、2020 年。

今尾康裕、岡田悠佑、小口一郎、早瀬尚子、『英語教育徹底リフレッシュ: グローバル化と 21 世紀型の教育』、開拓社、2017 年。

大瀧雅之、『平成不況の本質――雇用と金融から考える』、岩波書店、2011 年

岡本勉、『1985 年の無条件降伏〜プラザ合意とバブル〜』、光文社、2018 年。

小熊英二他、『平成史【完全版】』、河出書房新社、2019 年。

小林英夫、『日本人のアジア観の変遷―満鉄調査部から海外進出企業まで』、勉誠出版、2012 年。

鈴木邦成、中村康久、『シン・物流革命』、幻冬舎、2022 年。

◆◆ 第3章 ◆◆

御木本隆三の異文化理解
――美術批評家ジョン・ラスキンの思想に接して――

第3章

御木本隆三の異文化理解
――美術批評家ジョン・ラスキンの思想に接して――

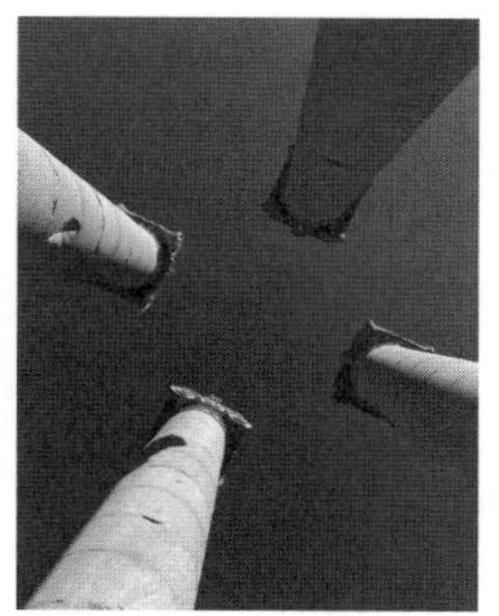

1. はじめに

今回は、石川康子氏の『御木本澄子　幸せの旋律』（世界文化社、2009年）の内容、および、複数関連資料を中心に分析することによって、隆三の思想に迫ることを目指した。

隆三がいかにしてラスキンを知り、そしてどのようなラスキン関係の書物を出版したのか。そして真珠王の御曹司である彼がなぜラスキン研究に没頭していったのか。

以前、『言語文化研究』第5号（2001年3月）によって分析した、隆三の思想を、新資料により、今回アップトゥデイトなものに出来た。

隆三の作った東京ラスキン協会、そして彼にとって異国人、異文化のラスキンの思想とは何であったのかを、関連資料によって分析、論述する。

2．隆三の略歴、および彼のラスキン研究、ラスキン文庫

御木本澄子（1925–）は、真珠王　御木本幸吉の孫、義隆つまり、隆三の子と結婚し、ミキモト社長夫人となった人物であり、独特のピアノ・メソッドを確立したことで知られている。社長夫人としての苦労とともに、その義理の父にあたる隆三に対しても複雑な思いを抱いている。

御木本隆三は、1893 年 10 月 27 日に真珠王として知られる御木本幸吉、その妻うめの長男として生まれた。4 人娘の下の、一人息子であった。御木本幸吉は真珠のビジネスにその生涯を費やしたことは有名だが、息子の隆三はビジネスの世界に生きる喜びよりも、ラスキンの思索とともに生きることを選んだ人物である。1921 年には、銀座の御木本装身具店店主となり、1924 年には御木本真珠店ロンドン支店長となったものの、次第にラスキン研究が生活の主体となってゆく。1931 年には東京日比谷に東京ラスキン協会を設立し、後述するような様々なラスキン関係の出版活動及び研究に携わった。

1934 年には日本養殖真珠水産組合長となるが、その直後に親族会議により真珠業と絶縁することを通告されている。これは本業の真珠業よりラスキン研究、そして東京ラスキン協会の活動に

打ち込むあまり真珠業への取り組みが疎かになっていたためである。それにも拘わらず隆三はさらにラスキン研究に打ち込むことを決意した。手切れ金ともいえる父幸吉から貰った資金を使い、絶縁を通告された1ヶ月後の1934年11月には銀座にラスキン文庫という手工芸術品販売、喫茶店を兼ね備えた施設を作った。手工業の大切さは、ウィリアム・モリスのアーツ・アンド・クラフツ運動の影響を受けているともいえるし、「自然に忠実に」を信条としたラスキンの思想の流れを汲んでいるともいえる。ラスキンは1872年以降、湖水地方コニストンのブラントウッドに移り住んだ。その地元の人々の副収入のために、亜麻布を使った製品を作ることを考え、1894年に、自らの名を用いる許可を与えた。隆三は、その時の製品である、化粧袋を所有している。

翌々年の1936年には、銀座に同様の趣向の施設であるラスキン・カテイジ、ラスキン・ホールを建設している。しかし遂に1937年には高利貸しからの借金によって破産してしまう。だが、その後も鳥羽ラスキン学園などの設立（1947）を続け、1952年にはついに準禁治産者の宣告を受けることとなる。隆三は1971年に死去するが、それまで個人的にラスキン研究活動を続けている。何が彼をそこまでジョン・ラスキンの思想にのめりこませたのか。この事実は、異文化理解の功罪を問うことにも繋がる。

隆三の、準禁治産者のことであるが、1952年（昭和27年）、3月25日、朝日新聞夕刊には、隆三の顔写真入りで、取り上げられた。「真珠王御木本幸吉翁（93）の長男隆三氏（58）は去る1月隆三氏のオイで幸吉翁の孫、御木本真珠会社取締役、生産部長、武藤武治氏から東京家庭裁判所に準禁治産者の申し立てを出されていたがこのほど『浪費者』として準禁治産の宣告を受けた。氏は幸吉翁の五氏の末子で、真珠事業には関係せず英国の哲人ラスキンの研究に従事、ラスキン・ホール同テーハウスの経営にからみ十数年前から多大の借金をし、昭和 14 年春東京区裁で強制和議認可の決定を受け以来幸吉翁がこれを返済し続けていた。ところが、25 年春からまたまた金額にして 860 余万円を借金して浪費したとして今度の準禁治産者の宣告となったもの」（石川：133）とある。これに対する隆三のコメントは、「私のほうが悪いんだというほかない。浪費といっても外国人の接待などに使ったので止むを得ないと思う。将来三浦半島あたりで小さな真珠の工場を造り、ラスキンの研究を続けたいというのが夢のような現在の理想だ。刺激をして親父と争いたくない」とコメントしている。（石川：134-35）一般のサラリーマンの初任給約 7 千円、現在だと約 5 億円と推定できる。この事態でも、あくまで、ラスキンの美と思想を追究する気持ちがあったのである。

御木本澄子は、病気の義隆が生きている間にすべきことがあった。一つは義隆が所有するミキモトの株で、ラスキン財団を作ることであった。もう一つは義隆の妹、幸子（ゆきこ）の長女香を養女にすることである。ラスキン財団を作るためには、かつての国税局長官、当時の日本債権信用銀行頭取、安川七郎に相談し、義隆の所有するミキモトの株券で財団を作った。

財団法人ラスキン文庫は、隆三の蒐集した蔵書 1564 冊を基に 1984 年（昭和 59 年）に東京・築地に開館された。洋書 1388 冊、和書 176 冊。その思いが伝わる。御木本澄子が、夫義隆のミキモトの株券で財団を作り、隆三の知的財産を守ったのである。後に養女となった義隆の妹の娘である香は、財団の運営に積極的に関わった。

2011年には、一般財団法人ラスキン文庫となり、中央区築地に事務局を設置。1994年（平成6年）、商社勤務を経た春日豊彦と香は結婚した。春日氏は社長の座にまでのぼりつめた（1993-2003年）が、妻香は心労が重なり肝臓がんを患って57歳で病死する。2001年（平成13年）のことであった。翌年夫であり社長である豊彦は知人と再婚、それに伴い、養子縁組を解消されている。香の残した二人の息子が養子になった。春日豊彦は、2020年（令和2年）4月24日、逗子で犬の散歩中にがけ崩れに会い74歳で死亡している。

3．隆三のラスキン思想との出会い、その研究、および出版活動

隆三は、一高3年の時にエイダ・イアランド著『ラスキンとそのサークル』（Ruskin and his Circle）を読み、詩人としてそして芸術批評家としてのラスキンを知った。この本は、ラスキンおよびラスキンに関係する人々について論じたものである。隆三が所蔵していたその本の最初のページには一枚の紙が貼ってあり、そこには、隆三による書き込みがある。“To the Dear memory of my mother”という語句とともに、「一高2年（3年次とされている）の秋、最初に読みしラスキンの本」と記されている。前述したが、豊かな家庭に生まれ育ったラスキンが、親から受け継いだ莫大な遺産を全て投げ打って、人々の平等な労働条件を実現しよう

としたことなどに深く共感したものと思われる。また、古典的ともいえる手法で熟達した職人にラスキンが作らせた、ラスキン・リネンの精神や、産業革命以後発達した機械化に異議を唱えたラスキンの自然を愛する心に学ぶところが多かったのであろう。それは傑出した事業家であった父幸吉への反抗心のようなものであったかもしれない。

隆三は、京都帝国大学に 1914 年（大正 3 年）に入学し、そこで恩師となるマルクス研究家河上肇と出会った。ラスキンの経済学については 1917 年（大正 6 年）4 月に、河上肇の論文『Unto this Last を読む』によって知ることになる。後に隆三が書いたラスキンの自叙伝『プラエテリタ』の翻訳もこの頃思い立っている。河上は、普通の経済学史の教科書にはその名前さえ挙げられていないラスキンを、経済思想史上看過し難い一人の思想家であると見なしていた。河上の大学での講義は人気があり、京大以外の学生も多く紛れ込んで聴講をしていたらしい。河上は毎年講義ノートを書き直しており、講義の前日には一切面会を謝絶して準備をしたと言われている。隆三は、京大時代、河上の研究室でマルクスよりもラスキン研究を勧められたらしい。父幸吉は隆三に晩年、「お前は河上さんのおかげでマルクスに行かずにすんでよかったよ。」と語ったらしい。いかにも資本主義社会で成功した人物のコメントである。当時社会主義者マルクスに過激に傾倒してゆく学生が多かった中、マルクス研究家の河上によって、経済思想家であり、美術批評家でもあるラスキンを勧められたことが、若い隆三の美的世界への方向性を決定づけたのである。

まだ若かった隆三の精神性を示すエピソードがある。当時祖母と二人で一軒の家を借りており、気ままな生活の中にも強く孤独を感じていた隆三は寺町や四篠通りに行くのが常であり、行きつけのカフェーの女給に恋をしたと後に述べている。当時女給は店からは給与を貰うことなく、客からのチップによって収入を得ていたため、客にエロチックなサービスをしていたらしい。店側も明かりをおとしたボックス席や個室を設けていた。そんなある日、隆三の家の玄関にその女給が既婚を示す丸髷姿で立っていた。詳細は、わからないが、それ以来彼女は姿を消した。人妻と知らずに夢中になっていたことや、その彼女に対して何もしてあげられない無力な自分を見つめ直して、失恋後はより一層ラスキン研究に打ち込むことになる。後に、幼い頃に母と死別して以来、学校の寄宿舎で暮らしたり、大学時代祖母と二人で暮らしていたりしたために脆弱となってしまった精神には、この失恋は大変な打撃であったと隆三は述懐している。そのような彼の精神的疲労感を癒す術としてもラスキン研究が存在したわけである。

金持ちの御曹司として育った隆三の精神の弱さが露呈されたと考えてもよいだろう。現実を見つめることよりも、美的世界に浸っていたかったのである。そしてまた、父親を実業界において越えることなど不可能であると考えたであろうことが推測できる。また、父幸吉も何くれとなく息子に気を使い、仕事に対する態度とは違い、隆三の浪費を許す甘い父親であった。

例えば、幼い隆三を可愛がった、おはるおばさんと呼ばれる、創業者幸吉の妹で、生涯独身を通した女性が、甘やかしたともいわれる。三歳で母を失った隆三が、彼女に甘えるのも当然であった。（石川：112）子供のときに、彼は船から投げる扇子を投げる遊びが好きだったのだが、おはるおばさんから、扇子を山ほど買ってもらったらしい。芸術に関して湯水のように親のお金を使えたラスキンとも重なる。

隆三は京大在学中に京都一高女で音楽を教えていた横浜練子(れんこ）と結婚した。1917年（大正6年）二人が通っていた教会で知り合ったという。幸せな結婚であったと述懐するこの結婚によって精神的な安定を得て、迷うことなくラスキニアンとして生きて行く決心をしたのもこの頃のことであろう。渋谷松濤の屋敷は英国風で、テニスコートまであった。庭には、ラスキンの書簡を並べた別棟があり、その地下に書斎があったらしい。イギリス渡航の際にはデビスカップの選手たちとテニスに興じたこともあったらしい。軽井沢にもテニスコートを所有し、そのクラブハウスは、昭和5年に隆三が建築家ヴォーリズに依頼して作らせたものであり、現在は寄贈されている。また、当時の皇太子と、後に結婚する正田美智子さんが出会ったテニスコートとしても有名である。

隆三は1920年（大正9年）から1930年（昭和5年）まで6回(1920, 1925, 1927, 1928, 1929, 1930）にわたりイギリスに渡ってラスキン関係の資料を収集した。その6回全てにおいてラスキンの従弟アーサー・セヴァーンに会っている。そしてセヴァーンからラスキンに関するものを多数譲り受けている。それらは隆三によると、(1）ラスキンの父祖の肖像及びラスキンが幼少時（8才のころ）にはりつけた海藻と庭の図案　(2）デンマークヒルの居宅にてラスキンが集めた色々の古い木版、特にラスキンに説明のあるもの（9-10才）　(3）初恋の相手であるアデールに寄せた自筆

の詩 (4) 近世画家論の初版 (5) キリスト教社会主義者としてのキングスレイにあてた手紙 (6) 晩年のラスキンの手紙 (7) ラスキンのピサの礼拝堂のスケッチなどであった。セヴァーンは隆三の最初の渡英時、第1日目には面会さえも拒否したが、コニストンのラスキンの墓地に隆三がバラを捧げたことを知って面会を許し、ラスキンの家を案内した。そしてラスキンの居室、遺物、著書、自筆の詩、手紙等を見せたらしい。ラスキンの従弟に直接会い、ラスキン所縁の品々を譲渡されたことが隆三をいたく啓発したことは疑う余地がない。

1920年（大正9年）から、第2次世界大戦開戦までの渡英で、ラスキン関係の資料蒐集に40万円近く使っている。一般のサラリーマンの年収が平均1200円であった時代のことである。幸吉が反対しても、悪徳高利貸しから次々と金を借り、ラスキンの思想普及のための浪費をしていく。

だが、人当たりの良さは、お坊ちゃん独特のものがあり、息子の義隆と結婚した澄子は、「本人よりもお父様の方がいい」と思ったというコメントを残しているくらいである。(石川：114)

1921年（大正10年）4月、隆三は銀座の御木本装身具店の店主となった。そして翌年の1922年（大正11年）には最初の著作である、『ラスキンの経済的美術観』を発行した。この本の巻頭辞には「此の著を一筋に家業にいそしむ吾れ等の父に捧ぐ」と書かれており、小序には「此の小序を長男義隆に贈る、序中彼とは長男のことである」とある。隆三の家族に対する思いの一端が表れている。

この長男義隆は、のちの、御木本真珠会社社長であり、その妻が、澄子である。澄子が義隆を選んだのは、「彼が『かわいかった』からである。ありがちな、抑制と女性差別がどこかにつきまとう日本男性の匂いがどこにもなく、女の価値を認め、ひたすら自分の前に跪く『かわいい男』であったからである。」と澄子は語っている。（石川：98）

澄子は、1925年（大正14年）、大蔵省に勤める父、伴野（ともの）清、母徳子の長女として静岡市で生まれた。母徳子は、当時にしては珍しいピアノを習得しており、そのことが、澄子のピアノ教師としての将来のキャリアに影響する。社長夫人となった時にも、演奏を通じて交友を広げてゆく。二人の結婚は、義隆27歳、澄子21歳の時のことである。義隆は熱心なキリスト教徒であった。澄子も40歳を目前にして洗礼を受けている。

論は、隆三の蒐集について戻る。『ラスキンの経済的美術観』の出版の翌年1923年（大正12年）に渋谷の松涛に建てた英国風の洋館の地下には、ラスキン関係の書籍などが多数収められた。これらは同年の関東大震災で失われてしまう。しかしこの災害も隆三のラスキン研究の熱意を少しも失わせるようなものではなかったようである。

1926年（大正15年）2月には日本橋丸善でラスキン遺品の展覧会を開催している。2月6, 7, 8日の3日間、2月8日のラスキンの誕生日を記念して東京日本橋丸善本店の展覧会場で初めて「ラスキン遺品の展覧会」が催された。隆三は1度目の渡英の際（1920年）に持ち帰った品々を前述のとおり震災で焼失していたが、2度目の渡英（1925年）をして多くの品を持ち帰っていた。その翌年のこの展覧会では隆三の当時の蒐集品約800点中の約

150点が出展された。出品されたのは、ラスキンの著書の初版および原稿が約100点、絵画、写真、書簡などが46点であった。『フレンドシップス・オファリング』や、『黄金の河の王』の初版等が展示された。また、『ヴェニスの石』、『建築の七燈』の初版や、ターナーの絵画に論文の原稿や『徴利論』の原稿、ラスキンがオックスフォード時代にナポレオンがセント・ヘレナ島に流されたことを悲しんで作った詩の原稿などもあった。1876年ラスキンの父の喪中の手紙や、多くの水彩画も展示された。この丸善での展覧会に多くの人（約2000人）が訪れたことが、後の東京ラスキン協会設立の発想に繋がったと隆三は回顧している。その後も数回丸善でラスキンの展覧会を開いている。この大正が終わり、昭和が始まろうとしていた時代に、東京においてラスキンに対する関心が高まっていたことは特筆すべき社会状況であろう。隆三としてはその熱意を失わせたくなかったであろうと思われる。日本橋丸善でラスキン遺品の展覧会を開催した1926年（大正15年）に、隆三は雑誌『ラスキン思考』を発行している。同年11月7日に鳥羽の使命社という印刷所からから第1号が発行され、1931年（昭和6年）9月8日世田谷の使命社から発行された第7号までに至る約5年間の隆三の著作である。（第4号から世田谷）1号の序の中で「私にはやっと決心が出来た。かつては私の工場で美を指頭にあやつりながら生産をやって居た人が使命社という印刷所を設けた事に想到した時、此の人々の力によって自らの拙文を公にしたくなかった。」[1]と書き記している。隆三

(1) 御木本隆三（1926）『ラスキン思考』第1号　御木本養殖場事務所　p2.

は印刷を担当した上村祐造に自らの決心を書き送り、それに対して上村も同意した。また、同じ序の中で、「家業は家業である。父は父である。友は友である。妻は妻である。ただもしも、私の拙い『ラスキン研究』が私の周囲の人々を害する事殆ど無ければ、不断の努力をささげたい。」(2)と述べている。隆三が自らの信念を社会に提示し始めたのである。

この『ラスキン思考』の発行所である使命社は、元々遊佐敏彦が山口県山口町に1915年（大正4年）に設立したキリスト教社会主義に基づく出版社である。キリスト教と生活の融合を目指していた。遊佐はこの使命社から、『アッシシの聖者』等を出版している。しかし、1917年（大正6年）の夏には活動を休止している。ここで一旦使命社の名は消える。1919年（大正8年）の6月1日、東京麹町の御木本金属工場工場長であり、御木本幸吉の弟であった斎藤信吉らが中心となって「東京労働教会」を設立、この教会も同じくキリスト教精神に基づく労働を提唱した。この工場の労働者の多くがこの労働教会に属していた。禁酒禁煙を重んじ、労働は神聖なものであると定義されていた。しかしこの工場も1923年（大正12年）の関東大震災によって壊滅し、10月解散なった。そして80余名の従業員は失業した。そのうちの数名が印刷業に携わるとなり、1924年（大正13年）1月、東京洗足に使命社を復活させた。その中に上村祐造もいた。同年4月には日本橋に移り、そこで翌1925年（大正14年）1月には『使命』創刊号を発行するなどしたが、秋に廃刊となった。さらに区画整

(2) 御木本隆三（1926）『ラスキン思考』第1号　御木本養殖場事務所　p4.

理を機会に土地の返還を迫られ1927年（昭和2年）2月には世田谷に移転することとなる。この『使命』廃刊から世田谷移転までの間に、拠点はまず鳥羽に移る。そして鳥羽使命社の名のもとに1926年（大正15年）から、『ラスキン思考』第1号、2号、3号が出版されている。世田谷に移転した1927年（昭和2年）からは、『ラスキン思考』も移転した世田谷から発行されるのである。隆三は使命社ラスキン研究の印刷物を注文する等してその活動を支えた。

また、1936年（昭和11年）6月1日には「労働教会」の18周年記念会をラスキン文庫3階で開いている。それは借金により破産する前年のことであった。

次章では、破産した1937年（昭和12年）までの間に、隆三のラスキン関連の活動の中核をなす、東京ラスキン協会の活動（1931-1937）について述べたい。ここで、隆三のラスキン理解をすすめる。

4．隆三の東京ラスキン協会、および東京ラスキン文庫の活動

前述したように1926年（大正15年）2月6日から8日まで日本橋丸善でラスキン遺品の展覧会が開かれ、その時隆三は約150点を出品した。さらに、1931年（昭和6年）1月20日から22日にかけて銀座資生堂において、ラスキンの遺墨、遺稿、遺著等の展覧会を開いた。彼にはラスキンの遺品を死蔵したくないという思いが常にあり、銀座か日本橋にラスキン記念館のようなものを

作りたいと強く願っていた。(3)

それは常に人々がラスキンの偉跡に接していられる施設であった。この契機となったのが、1931年（昭和6年）2月8日（資生堂での展覧会の翌月）に日比谷で行われた、ラスキン生誕記念講演会である。この日は、隆三はもとより、住谷天来も「ラスキンの宗教」という題で講演している。この時の講演会の主催は、東京ラスキン協会創立希望者有志であり、事務所は、世田谷の使命社であった。1931年（昭和6年）が東京ラスキン協会の設立としてよいであろう。同年5月頃には東京ラスキン協会は、日比谷三信ビル6階に事務所を移して本格的な活動を始めている。同年6月1日に『東京ラスキン協会雑誌』第1号を発行し、1937年（昭和12年）7月12日の最終号（全59冊）まで発行を続けた。（この7月に隆三は破産）

その第1巻第1号には、後の銀座ラスキン文庫の発想につながる箇所もあり、「銀座か日本橋に『ラスキン記念館』も出来て自転車でとんで行く小僧さんが此の小さい図書館に休んでは安い一杯のコーヒーをすすりながら『ラスキンてこんな人か』と想って貰いたいのである。大学の教授や学生さんばかりがこの小さい努力の蒐集品を鑑賞してもらふ丈けでは死んだラスキンも満足はして呉ないのだ。」と書いている。この時点ではまだそのような場所を作る時期には来ていないとも言っている。そのような隆三の志を実現したラスキン文庫の設立は3年後（1934年）のことである。さらに、「東京ラスキン協会は誕生した許かりだ。この赤

(3) 東京ラスキン協会編（1931）『東京ラスキン協会雑誌』第1号第1号　p60

んぼうが無事育つか、急に死んで仕舞ふのか、ほんとうに判らぬ、多難のことではある。」[(4)]と続けている。6号（第1巻第6号）では、東京ラスキン文庫従業員であった荒木恒吉が隆三の人となりについて述べている。昭和6年の5月にある人物が名古屋から来てラスキンの思想に反対であることを隆三に言ったらしい。その人物が帰った後、隆三と三信ビルの地下で昼食をとりながら、荒木がその人物への不快感を述べると、世の中にはいやな人はいない、皆いい人ばかりだ、いやな人を作るのは主に世の中であると答えたという。お人よしとまでも言える隆三の性格であった。性善説を信じていたかのようである。

喫茶等の施設を兼ね備えた東京ラスキン文庫（数寄屋橋通り沿い）の設立は、東京ラスキン協会設立の3年後の1934年（昭和9年）11月頃である。東京ラスキン文庫の方針については、雑誌『ラスキン文庫』第1号によると、コニストン河畔のラスキン・ミュージアムの如くあると同時に、ロンドン・パディンドン街にかつて存在した、ラスキン・ティーハウスの如くあることでもあった。またさらに、英国北部に存在したラスキン手工業の片影であるラスキン・リネン・インダストリーの小販売所の如くあることも目指していた。3階の建物のうち、1階は工芸部となっており、ラスキン協会員等の制作による進物用の工芸品（指輪、帯留め等）が販売されていた。そこには工芸職人もいた。2階はティールーム、3階はラスキン協会員室となっており、そこは20人位まで収容する休憩室となっていた。[(5)]また『ラスキン文庫』第

(4) 東京ラスキン協会編（1931）『東京ラスキン協会雑誌』第1巻第1号　pp60-61.
(5) ラスキン文庫編（1934）『ラスキン文庫』第1号　p2.

2号には、「東京ラスキン協会員の皆様に」として以下のように書いてある。「小さい文庫ですけれど、やっと出来上がりました。銀座に御散策の節お立ちより下さいませ。」(6)ラスキン文庫の支配人は神山興三郎で、雑誌『ラスキン文庫』の編集兼発行人であった。神山は、学生時代にテニスを通じて隆三と知り合った。また結婚式では隆三に媒酌人を務めてもらっている。隆三の推薦により御木本真珠店に5年ほど勤務したこともあった。神山によると、開店して半年ほどが過ぎたラスキン文庫は、2階の喫茶部に比べて1階の工芸部はまだ認知度が低かったらしい。ラスキン文庫の活動および内部の様子についてはこう述べている。「地方からラスキンに関する著書の照会が来たり、ラスキン文庫最近号を送って欲しい等といふ便りがあったり、美術工芸に関係がある人々はもとより色々の人が熱心な眼を文庫の額や商品に注いで居るのを見たり、廊下を通って2階へ足を運ぶ人々がラスキンに就ての感想等を洩らしながら過ぎるのを気づく時、自分達は儲仕事におけると別の働き甲斐を覚へます。」(7)ラスキンの思想の普及を目指し、利益を度外視した商売こそが、このラスキン文庫運営の根本をなすものであった。この、利益を度外視するということが、後にラスキン文庫、そして隆三の破綻に繋がってゆく。それは、まさに中途で頓挫したラスキンの聖ジョージ・ギルドの活動と重なって見える。

ラスキンの文庫ではバラを絶やさぬようにしていたが、神山は、「1つでも多くの花瓶にバラの飾られる事はラスキンを想ふ

(6) ラスキン文庫編（1934）『ラスキン文庫』第2号　p1.
(7) ラスキン文庫編（1934）『ラスキン文庫』第8号　p10.

私達にも幸福であります。」[8]と述べている。ラスキン文庫の2階は喫茶室であった。この喫茶室は、初期はラスキン・ルームと呼ばれていた。飲み物の器などは、様々な色や形のものがあり、夏には冷たい飲み物も出していた。使用した器にはセットで当時100円もするものがあったらしい。一杯の紅茶でレコードを聴き、本を読み、そして手紙なども書くことのできる場所であった。一方、パディントン街にあったラスキンのティールームは、ラスキンによって1874年にロンドンに造られた。その店は、隆三がイギリス滞在中に面会したアーサー・セバーンが看板を書き、ラスキンの母親の年老いた2人の召使が店を経営し、2年間続いた。そのラスキンの店の方針は、来訪する客は商人が暴利を貪ることから保護されるべきであり、少量の茶が消費者に買はれただけでも、その儲けの割合は大量購入のそれと同一であることがこのティールームの方針であった。

これでは経営は成り立たない。まさにこの方針を隆三が踏襲したわけである。緻密に利益を計算したわけではなく、師と仰ぐラスキンのやり方を真似しただけのことであった。ラスキンが理論を実践に移した時に悉く失敗したことを思えば隆三がいずれ失敗することは明らかであった。事実、ラスキンのティールーム同様、わずか3年足らずの短い期間でこの喫茶店は終わることとなる。ラスキン文庫のメニューでは、紅茶とコーヒーがワンポット（2人分）40銭、ラスキンサンドウィッチが30銭、洋菓子10銭であった。最初は紅茶一杯15銭で出していたが、やむなく昭和

(8) ラスキン文庫編（1934）『ラスキン文庫』第3号　p13.

10年に、一杯20銭に値上げしている。隆三は終始値上げには反対であった。それというのも前述した通り、ラスキン文庫設立の動機の一つとして自転車に乗って忙しく働く小僧さんに一杯5銭のコーヒーを飲ませるティールームを開くという、いわば庶民のための文庫を作りたいという気持ちが根底にあったからである。(9) 金持ちの一人息子であった彼が庶民のための施設を作ったというのは特筆すべき事項である。彼は自分自身が、父の会社の利益によって富裕であるという事実に対して負い目があった。それを示すのが、1934年12月の『ラスキン文庫』第2号「ラスキン文庫がやっと生れた」という題のエッセイである。「この夏、病後の妻子を連れて軽井沢の家に暑つさを避けた。正に物質的幸福者の一人であり、力なくして尚ほ避暑し得る男である。私は、働く者の力と時をぬすんで、ラスキンの勉強に名を籍りてテニスを遊んだ人間であろう。色々の思想の流れに迷ひ悩む如く、私の前途にも陰影が漂ふ。此の漂流者は、ラケットを握り、自動車を馳せては、ラスキンの安全地帯へと逃れ行く。」お金持ちのお坊ちゃんということが絶えず隆三の頭の中にあり、なおかつその商才が父に遥かに及ばないことが大きなコンプレックスとなっていたことが窺える。隆三は、軽井沢に、テニスコートを父の資金で有名建築家に命じて作ったが、先述した通り、それが令和上皇、上皇后の出会いの場となった、かの有名なコートである。

ラスキンもそのような商業的に成功した父に対する劣等感があ

(9) 1935年（昭和10年）の冬には岡本一平、かの子夫妻も喫茶部を訪れ、一平はトーストを食べ、かの子は、喫茶部の調度品や工芸部の商品が英国風であることを誉めたとされている。ラスキン文庫（1935）『ラスキン文庫』第6号　p14.

ったのではないか。裕福なシェリー酒商人である父、ゆえに許された、芸術活動なのである。

1936年（昭和11年）の冬には銀座5丁目にラスキン・ホールが開設された。(10)このラスキン・ホールの入り口にはラスキンの像があり、レコードによる音楽が流れていた。そして室内には、様々な色のバラが飾られていた。しかしこの店は赤字が続いており、また折りからの奢侈禁止令のため工芸品は売れなくなった。さらに高金利の借金をしたためホール開設の翌年（1937年）の夏（7月）には隆三は破産。それに伴い、このホールは閉鎖された。当時の金で80万円、現在の40億円以上に相当する借金を背負ってしまう。

破産から10年後、戦後の1947年（昭和22年）に鳥羽で隆三を中心にラスキン学園の設立があった。ラスキン学園は2月8日（ラスキンの誕生記念日）に鳥羽大里町において設立された。ラスキン協会（文庫）が復活したのである。同年の1月には既にラスキン文庫主催で宝塚歌劇団の公演が鳥羽で行われ、同劇団の天津乙女らが出演したりしている。鳥羽ラスキン学園では、隆三を中心に10回以上ラスキンの経済学や自然美についての講演が行われ、寺子屋形式のラスキン研究を目的とした。学園を構成する人々としては、(1) 志摩の古都鳥羽を愛し東西文化の融合を欲する男女（約50名）(2) ラスキン学の研究並びに是を讃美する学徒らであった。またその研究の全課程は9か月で修了することに

---

(10) 1937年（昭和12年）には日本の女性の洋装は和服の3分の1にまで近づいていた。それでも、まだ当時のラスキン文庫の喫茶部の写真には和服の女性が写っているものがある。

なっていた。9か月は3つに分けられ、第1期、第2期、第3期とされた。しかしこの計画の実行は常に困難が伴っていたらしい。つまり、いくら隆三が理想に燃えて旗を振っても、一般の人々にはラスキンの思想などはわかりにくく、日々の暮らしに追われていては、高邁な生活など論じ、実践する暇などないのである。これは、晩年のラスキンが感じていた寂寞たる思いと重なる。ラファエル前派を支持しながらも、次々に仲違いし、労働者に働く者の理想を説きながらも受け入れられていない虚しさ。

ラスキン学園の課程の内容は、美と徳と経済の調和についての研究や、学生の希望によっては家庭経済学や英文学、歴史地理学、人生哲学、一般科学論、政治哲学等を学ぶこともあった。学園の運営は寄付金や生徒に依った。ラスキン学園用の資料の中で隆三は、「私は亡友倉田百三や、恩師河上博士からユートピアンと呼ばれ、甘い人道主義者と冷笑されたこともある。一人の苦しむ人があることさへ見たくないと考える私、一面惨酷に見へ様が、子供の頃から、傷ついた小さい虫を見るとたまらなくなってその苦しみを短くしてやろうとの心から、踏みにじって来た私には、ラジカルな思想を持って運動を続ける人の勇敢さには、頭を下げながらも、それに従ってゆく事が出来なかった。」と書いている。繊細で心の優しい、そして心の弱い隆三を示すエピソードであろう。

1948年（昭和23年）9月1日に発行された、『ラスキンの歩んだ道』は、隆三最後の公刊書の一つである。発行所は、東京ラスキン協会であり、その住所は港区麻布善坊町50御木本となっている。この本は、隆三によるラスキンの伝記である。あとがきには、「遂に平和が来た。然し東都の大部が灰となる前、私は赤坂で一生懸命に防空演習をやり、忠実な市民として防空壕も掘った。ラスキンの数多い著書を焼いてはならないと南の孤島に送るまではほんとうに苦しい生活であった。でもラスキンは私を慰めて呉れた。英国が生んだ偉大な美術批評家・審美的思想家ジョン・ラスキンの生涯はさびしい純潔そのものであった。彼の生活はただちに以ってその美のおしえである。」とある。これは寂しい私生活を送ったラスキンと自らを重ね合わせて人生を振り返った隆三の率直な言葉であろう。同書のあとがきに、「この書を世に送るにあたって、風雨の様な老父の愛と、故河上肇博士の手ほどきに深く感謝の意を捧げる。私の不徳と不運とから苦労をし乍ら家庭を清く守った妻、将来に向っての長男、長女夫妻の私への助力又この出版に際して友人徳田菊太郎君の一方ならぬ御世話を特に記して謝意を表する。昭和 23 年夏　三重県鳥羽と東京麻布の寓居にて　R.M. 生」とある。

翌年 1949 年（昭和 24 年）の 1 月 20 日をラスキンの 50 周忌を前にして、隆三は麻布我善坊町の新居に隣接する 10 坪の土地にラスキン文庫を再建した。ラスキン協会の活動は再開され、3 年後の 1952 年（昭和 27 年）彼が準禁治産者とされるまで続いた。準禁治産者となった以後も隆三は機会を見てはラスキンの展示会を催したり、毎年 2 月 8 日にはティー・パーティーの形で、ラスキンの誕生日を祝う会を開いていた。ここまで人生をラスキン研究にかけた人物が昭和の時代に存在したのである。

1971 年（昭和 46 年）に隆三は 77 歳で亡くなり、その 2 年後妻の練子も 76 歳で亡くなった。1972 年（昭和 47 年）、株式会社御木本真珠店と、有限会社御木本真珠会社が合併し、現在の株式会社ミキモトとなった。その後1984年（昭和59年）には築地2丁目に財団法人ラスキン文庫が開設され、隆三の遺志を継いだ。2011年には、一般財団法人ラスキン文庫となり、中央区築地に事務局がある。

5．まとめ

この論文では、1.で述べたように、新たに石川康子氏の『御木本澄子　幸せの旋律』世界文化社、（2009年）の内容、および、複数関連資料を中心に分析することによって、隆三の思想に迫る資料を発見することができた。2.の「隆三の略歴、および彼のラスキン研究、ラスキン文庫」において、ラスキン研究家であった御木本隆三の研究活動の概略を述べた。如何にして異文化、異国の社会批評家ラスキン研究に踏み込んでいったのかを論じた。3.の「隆三のラスキン思想との出会い、その研究および出版活動」では、特に、隆三の日本でのラスキン研究、普及について論じた。『ラスキンとそのサークル』を読んで、裕福な家庭に育ったラスキンが労働者にとって理想の環境を作ろうとしたことに感化されたこと、そして実業界において一代で経済的成功を成し遂げた父幸吉に対する反抗心が隆三をラスキン研究に没入させていったのではないかと推論した。さらに、京都大学時代の河上肇との出会い、及びその重要性について論じた。マルクス研究者の河上からラスキン研究を勧められたことがそれ以降のラスキン研究への専心を決定づけた。また御木本澄子のコメントから、隆三の人生観、人となりが、更に詳細に分析できた。4.「隆三の東京ラスキン協会および東京ラスキン文庫の活動」、においては、氏が、ラスキンの遺品を死蔵したくないという思いが常にあり、それゆえ常時人々がラスキンの偉跡に接していられるラスキン文庫のような施設を建てた旨を述べた。また、隆三の内部に存在した「働く者の力と時を盗んでいる物質的幸福者」であるというコンプレックスが彼のラスキン協会活動に拍車をかけ、さらには、利益を度外視したラスキン文庫経営を続けた理由であったのではないかと推論した。それは、ラスキン自身の人生とも重なる部分があることを指摘するとともに、芸術家が、実社会で実業家としても生きることの難しさを再認識することとなった。

（以上は *Tsuru Studies in English Linguistics and Literature* No.49, Mar.1st, 2021. に掲載済）

6. 最後に

ジョージ・P・ランドウの『ラスキン　眼差しの哲学者』（日本経済評論社、2010年）の訳者である、横山千晶氏は、訳者解説の部で、ラスキンの思考について、「自分と同じ眼力をほかの人にも分け与えたいという執念ともいえるこの強い要求は彼の近くにいればいるほど、人々を戸惑わせたはずです。最後には愛する者に自分と同じ視点と視力をもたせようというあまりに強い要求が、愛する者を彼から遠ざけることにもなった、ということは想像に難くありません。(ランドウ：288)」と述べている。ラスキンの持つ、高い理想は、同時代の人々には、あまりに高邁でありすぎたのであろう。いや、現代においても多数の理解者を得ることは容易ではあるまい。それは、ラスキンの思想に感銘を受けて日本の民間において理想組織を実現しようとした、隆三においても同様のことが言える。ラスキンの思考に心酔した隆三の行動を評価することは、未だ困難を伴うが、彼らの行動に共感を示す人々は、必ず一定数、いつの時代にも存在するであろう。現在も同様である。今は、彼らに続く人々の存在を我々は注視し続ける時なのかもしれない。

参考文献

麻木米次郎 (1938).『ジョン・ラスキン――若き日のラスキン』 東京ラスキン協会

大林日出雄 (1971).『御木本幸吉』吉川弘文館

五島茂編 (1979).『ラスキン・モリス』世界の名著 52 中央公論

菊池裕子 (1997).「日本におけるラスキン研究関連文献目録」神奈川県立近代美術館他編 『自然の美・生活の美――ジョン・ラスキンと近代に本展』

木村正身 (1982).「戦前ラスキン関係邦文献目録」『香川大学経済論叢』55-1

佐藤ゆかり (2013).『真珠王の家に嫁いで』 グループわいふ

東京ラスキン協会編 (1931-1937).『東京ラスキン協会雑誌』(全 59 冊)

栃木県立美術館他編 (1993).『ジョン・ラスキンとヴィクトリア朝の美術展』

ディアデン、J.S. 著 磯谷武郎他訳 (1991).『ジョン・ラスキンの生涯と業績』野に咲くオリーブの会

永井龍男 (1986).『幸吉八方ころがし』 文春文庫

ベル、Q. 著　出淵敬子訳　(1989).『ラスキン』 晶文社
ランドウ、ジョージ．Ｐ著、横山千晶訳　(2010)『ラスキン　眼差しの哲学者』日本経済評論社
御木本義隆　(1979).『御木本幸吉の思い出』 御木本真珠島資料編纂室
御木本隆三　(1961).『一業一人伝　御木本隆三』 時事通信社
御木本隆三　(1926-1931).『ラスキン思考』(全7冊)　使命社ほか
御木本隆三　(1934).『ラスキン随想』 岡倉書房
横山千晶　(2018).『ジョン・ラスキンの労働者教育――「見る力」の美学　慶應義塾大学教養センター選書　18』 慶應義塾大学教養センター選書
ラスキン著　御木本隆三訳　(1931).『ラファエル前派主義』 東京ラスキン協会
ラスキン文庫編　(2000).『ジョン・ラスキン　思索するまなざし』
ラスキン文庫編 (1934-1937).『ラスキン文庫』(全20冊)
ラスキン文庫編 (1986).『ラスキン文庫蔵書目録――御木本隆三旧蔵書』
ラスキン文庫編 (1999).『ラスキン文庫たより　第26号―第36号』
Blewitt, John. (2019) *William Morris and John Ruskin. A New Road on Which the World Should Travel.* Univ of Exeter, Exeter.
Collingwood, W.G. (1893). *The life and Work of John Ruskin.* The Riverside Press, Cambridge.
Cook, E.T. (1911). *The Life of John Ruskin.* Kissinger Legacy Reprints, London.
Graham, John W. (2020). *The Harvest of Ruskin.* Kissinger Legacy Reprints, London.
Ruskin, John. (1884). *The Pleasure of England: Lectures Given in Oxford.* George Allen, London.

Ruskin, John.（1865）. *Sesame and Lilies*. George Allen, London.

The Diaries of John Ruskin, ed. Joan Evans and J.H. Whitehouse. 3 vols.

（Oxford, 1956-1959）, Clarendon. Oxford.

St. George Ruskin and the Dragon, ed.（1992）. Sheffield Arts Dept. Sheffield.

The Works of John Ruskin, ed. E.T. Cook and Alexander Wedderburn, 39 vols. Library Edition（1903-1912）, George Allen, London.

第４章

アンリ・ジョミニに見る
ロジスティクス思考の萌芽

第4章

アンリ・ジョミニに見るロジスティクス思考の萌芽

1．はじめに

本章ではナポレオン時代の欧州で縦横無尽に活躍し、異文化社会に身を置きながら、軍事理論の体系化を進めるなかで現代の物流・ロジスティクスを萌芽させたアンリ・ジョミニの生涯を追いつつ、異文化理解についての考察を進めていく。

人類の歴史から戦争はなかなか消えてなくならないが、逆説的に考えると、「戦争を経て人類は進歩してきた」ともいえる。戦争の残虐性は改めて言及するまでもないが、生死の狭間に際して、人間が考えることが、平時の思考を超えた発想に行きつくということもまた事実のように思える。一例をあげるならば、現代ビジネスにおける戦略論やマーケティング理論などは戦争における作戦がベースとなり、それが平和な世の中における企業活動に転用されている。

そして、近年、ビジネスにおいて大きな注目を集めているロジスティクスもまた、兵站と呼ばれる軍事活動の一部門を起源とし、それが経済・経営の視点で応用されている概念である。ちなみに企業経営におけるロジスティクス（ビジネスロジスティクス）とは「製品などのモノの流れを戦略的に管理して最適化すること」と定義されている。

もっとも兵站は本来の軍事領域とは厳密な意味では同じではない。兵站は輜重(しちょう)輸卒という兵科が担当する。「輜」は被服などを載せる貨車のことを指し、「重」は荷を載せる車を意味する。陸軍などで軍事物資や食糧などを人力や馬車に載せて運んだことに由来している。ただし、この輜重は「輜重輸卒が兵隊ならば、蝶々トンボも鳥のうち、電信柱に花が咲く」といわれ、「輜重は軍人や兵隊とカウントしない」ともいわれていた。言い換えれば、戦時における兵站やロジスティクスはそれほどまでに軽視されてきたのである。

これは日本のみならず欧州でも同じで、たとえば、カール・フォン・クラウゼヴィッツは、『戦争論』のなかで戦争の傾向を分析しているが、敵対行為の準備、戦闘の開始、講和の締結、戦後の展開といったマクロ的な一連のプロセスと敵意や憎悪の情念を伴う暴力との関係などについて鋭く言及しているが、戦術・戦略面の要ともなる兵站については述べていない。

軍事における兵站の重要性については、ジョミニにより詳細に論じられることになるのだが、同時代の軍事学者による戦略、戦闘、戦術の研究領域ではほとんど触れられることはなかったわけである。

しかし、洋の東西を問わず、軍事における兵站は知将、名将により大いに注目されてきた。

かつて、アレキサンダー大王は東方遠征を行った際、兵士たちに「自分の日常生活品は自分で運ぶようにせよ」と命じたと伝えられている。

アレキサンダー大王の時代、遠征軍には日常生活品を運ぶ特別の部隊が存在したのだが、それをアレキサンダー大王は各自の責任とした。これは現代ビジネス風に言い換えれば、物流部隊の大幅な縮小にあたるとも考えられる。軍隊の後方支援を考えるなかで物資輸送の効率化が考えられるようになったのである。

実際、兵站の成熟度が戦争の行方に影響することは多かったようで、日本の戦国武将のなかにも優れたロジスティクス思考を見せた武将が何人もいる。たとえば豊臣秀吉は城の物資調達機能に着目し、小田原城を攻める際に兵糧攻めを採用している。また、石田三成や大谷吉継は朝鮮出兵に際して、船舶の調達、物資輸送の手配などを行っている。

他方、民間では律令制度の時代から中国から輸入されたという駅制が存在した。駅制は鎌倉時代以降の飛脚に発達してきたが、兵站の站の字が駅を意味するように駅（うまや）という物流拠点を軸に配送が行われていた。鎌倉時代には鎌倉飛脚、六波羅飛脚（ろくはらひきゃく）という名称で整備された。飛脚は郵便制度、宅配便制度のルーツともいえる。さらにいえば、駅制に加え、伝馬(てんま)制という物資などを運ぶ輸送制度も存在し、これが日本の物流企業のルーツともなっている。

ジョミニは軍事戦略の構築において幾何学、数学を活用したがこれは現代でいうところのオペレーションズリサーチの源ともいえる。

自然現象や物理現象に対して数式を用いて解析するのではなく、社会現象に対して数式を用いてモデル化などを行うフィールドは、いわゆる経営工学といわれる領域で、そのなかの一分野であるオペレーションズリサーチ（OR）がロジスティクスの発展に重要な役割を果たしてきたのである。

OR はもともとは作戦研究だったが、第二次世界大戦中にドイツのロンドン攻撃が激しくなったときにイギリス軍が何人かの科学者に戦略研究を依頼した。軍事的作戦を立案して、そのオペレーションを実行するための資材の輸送や調達の効率的な方策を立てるのが目的だった。戦争におけるさまざまな状況を数式を用いてモデル化し、分析したのである。戦闘で用いられる爆弾の必要量とか、兵器の在庫量や最適な攻撃ルートといったものを計算するということも行われた。

さらに近年はその手法を使って、スケジューリングの調整や在庫モデルの構築、全体最適化などが行えるとして物流関係者からも注目されている。

なお、OR は第 2 次世界大戦後、学問の世界を経由するかたちでビジネス界に入ってきた。

たとえば経路最適化はトラックの配送計画などに用いられると

いった具合である。ただし、IT革命以前はこうしたOR理論による物流の理論化もなかなか実用性を高められなかった。ジョミニの時代もその例外ではなく、とくに後述するが戦争を哲学的な思想のなかで捉えて分析したクラウゼヴィッツは数式で戦争戦術を単純化するジョミニのやり方に批判的であった。

ただし理論ではわかっていても手計算では莫大な時間がかかった時代はIT革命以前で、パソコンソフトなどの急速な発達により事情が一変してきた。

たとえば物流センターにおけるトラックの到着台数、トラック一台の要する平均荷役時間などのデータがわかれば、コンピュータシミュレーションを行いを、作業を円滑に行うためにはどれくらいの作業員が必要なのかを割り出すことも可能になってきているのである。

ちなみに第2次世界大戦後の物流の発達はオペレーションズリサーチ（OR）に代表される理論面だけではなく、物流容器の発明、発展も物流の高度化に大きく寄与した。

一例をあげるとコンテナの発明がそれに当たる。コンテナとは積載した貨物を積み直すことなしに複合輸送、積替え荷役に適したかたちで行うための貨物輸送用容器である。

内容積は1㎥以上で、貨物の積み込み、取り出しを行いやすい構造で複数使用に耐える強度を備えている。

本格的な海上貨物コンテナは1949年にオーシャン・バン・ライン社がアラスカ・シアトル間を使用したのが最初とされている。ただしこのコンテナは2段積みが限度の強度で現在のコンテナとはいささか異なったものだった。陸送用に使われていたセミトレーラーをヒントに開発されたのである。

現在の海上貨物コンテナの生みの親といわれるのは、マルコム・マクリーンである。彼がコンテナを複合一貫輸送にリンクさせる発想を業界に持ち込んだ。

ただし彼は海運業界の出身者ではなくてトラック運送業界の出身者でした。トラック運送業界の視点から陸と海の物流を結びつけることを考えたのである。

さらにジョミニは陣営で軍備品・糧食の保管や補充体制を充実させることをロジスティクスの主要機能にあげている。

ちなみに倉庫には、昔から人々が大切にするさまざまな品物が保管されてきた。日本ではもっとも古い倉庫というと、東大寺の正倉院ということになる。中国、シルクロード、ペルシャなどからの貴重な財宝などがいまも保管されている。ちなみに奈良時代、平安時代の倉庫の特徴は高床式でした。保管の大敵となる湿気を防ぐのが目的だった。すなわち宝庫という言葉もあるように、倉庫には高価値のある品物を保管するというのが原則的な考え方であった。

平安時代から鎌倉時代にかけて、荘園が日本各地にできると、問丸と呼ばれる組織が荘園の年貢を販売するようになった。その際、問丸は年貢米を荘園から運びだし、倉庫のなかに保管した。食糧として貴重な米が保管の対象物となったのである。

日本の倉庫業の始まりは、鎌倉時代後期の土倉（どそう）からといわれている。土倉は質草を預かり、それをもとに金銭を貸す金融業者で、その質草の保管に倉庫が使われたのである。

江戸時代に入なると、貸蔵という職業が発達した。江戸や大坂の商人の物品を蔵敷料をとって預かるというものであった。経済の発達にあわせて倉庫の需要も大きくなってきたわけである。

さらにこの時代の商習慣で御蔵、蔵屋敷とよばれる自家倉庫の原型に加え、商人がすでに売ってしまった商品についても証明書となる米切手や蔵預かり手形という現代の倉荷証券と同じような機能の預かり証の発行も始まっていた。

このように倉庫は宗教関係の宝飾品、金工品、米などの食料品などの保管から始まり、経済規模の拡大にあわせてそのビジネスモデルを大きく進化させてきたのである。

◆ 2．ジョミニのロジスティクス思考

軍事ロジスティクスではなく、ビジネスロジスティクスの歴史は、1912 年の論文で、米国の経営学者、A・W・ショウが経済活動を生産、流通、消費の 3 活動に区分して、さらに流通活動の構成要素として需要創造活動と物的供給活動の 2 活動としたことあたりから始まったと考えられる。ここでいう物的供給活動が現在の「物流」にあたる。

1960 年代になると米国では物流理論の研究が進み、ドナルド・バワーソックスをはじめ『フィジカルディストリビューションマネジメント』（物的流通管理）などの理論書が出版されるようになった。

なお、物流理論とも関係の深い在庫理論についての研究は 20 世紀の初めに科学的原則を経営管理に適用されるようになっていた。

また第一次世界大戦直後の米国では過剰在庫がもとで不況が発生したが、その際、「在庫は、以前は人々を豊かにした。しかしいまは在庫がもとで破産する人が出てきた」という指摘もあった。さらに 1950 年代には主要な在庫理論が確立された。

ちなみに、在庫管理における 1 分野でもある発注法についての歴史も長い。1960 年代になるとコンピュータも実用化の方向に動き出した。そしてコンピュータ管理の在庫管理システムも登場することになった。

日本においても 1970 年代以降、コンピュータ化の進展などを背景に在庫適正化に対する理論武装が進んだ。

1990 年代になると、ロジスティクスという言葉がビジネスの現場でもしきりに使われるようになった。それまで「たんにモノを運ぶだけ」であった物流が戦略性を高めて効率的にモノを運び、保管し、あわせてそれに関わる一連のプロセスを改善していくことをロジスティクスというようになったのである。

企業が、売れ残りや過剰在庫などを防ぐためには綿密な需要予測が必要である。そして需要予測の徹底をふまえて、モノの流れが管理されるようになりました。そこで生まれてきたのがビジネスロジスティクスという考え方である。モノの流れ、すなわち物流を戦略的にマネジメントするという発想で、ビジネスプロセス全体の最適化に反映させる。ジョミニは軍事戦略・戦術の最適化を目指し、武器や常備品、糧食の供給・補充体制や修理工場の充実を提案したが、その発想や方針がそのままビジネスの世界に転用されてきたというわけである。生産地から消費地までのモノの流れと保管とそれらの情報を巨視的、統括的、効率的に管理するというわけである。軍事における計画的な供給体制がビジネスの世界に移入されたのである。

古くはアレキサンダー大王に始まり、ナポレオンの一連の戦争、さらには２度の世界大戦においてもロジスティクスの概念は戦争のたびに進歩してきた。

現代戦争もロジスティクスのあり方や考え方を反映している。ジョミニの理論が現代のロジスティクス理論の原型ともいえるように、実際の戦争の戦術、戦略がロジスティクスに応用されていった例も少なくない。

たとえば、戦後の大量消費時代の代表的な戦争はベトナム戦争だった。ベトナム戦争では「じゅうたん爆撃」という戦術がとられた。これは米軍がベトナム軍を倒すために「片っ端から空爆を行うことで勝負をつけよう」という発想のもとに行われたものである。大量に爆弾を落とすことで一気にケリをつけようとしたのである。ある意味、大量消費時代を象徴するような戦術であった。

しかし時代が変わり、湾岸戦争、あるいはイラク戦争になると、米軍は「狙ったところに間違いなく爆撃する」いうピンポイント爆撃という戦術をとるようになった。ムダな爆撃は可能なかぎり避けるようになった。ムダな爆撃を避けるということはムダに商品の生産を回避し、必要以上の在庫を持たないという考え方にも結びついていく。

さらにいえば、機械化、IT化、無人化などの軍事で活用されたさまざまな技術がロジスティクス分野にも適用されていった。ジョミニの理論にあるようにロジスティクスが情報ネットワークや機械化の流れと結びついていったのである。たとえばRFID(非接触タグ)、追跡システム、無人運転システムなども最先端技術として軍事応用されてきたが、それら最先端技術もロジスティクスの高度化における不可欠なツールとなっている。

もちろん、ロジスティクスの進歩や高度化には戦争以外の要素も相当にある。しかし実際の軍事ロジスティクスにおける兵站の考え方や戦術の発達、さらには軍用機器などの民間転用などに際して、民間が進めるビジネスロジスティクスに多大な影響が及んだことは否定できない。

◆ 3．ロジスティクスからSCMへ

ロジスティクスをさらに一歩進めた概念としてSサプライチェーンマネジメント（SCM）がある。SCMは自動車の生産システムの効率化の流れのなかから出てきた概念でもある。だが、ジョミニの軍事理論における兵站学では戦線のバックグラウンドにおける供給の全体管理が提案されており、それはまさしく現代のSCM理論にもつながる部分が多い。

自動車の生産方式を確立したのは、アメリカの自動車王、ヘンリー・フォード一世である。彼は「フォードシステム」とよばれる流れ作業による大量生産方式で自動車を生産した。

フォードシステムでは素材がベルトコンベアによって絶えず流れていきます。そしてその流れのなかで機械加工が行われ、部品が組み立てられる。完成された多くの種類の部品が規則的なスピードで最終組み立てラインに供給される。このようなオートメー

ション方式で次々に自動車が完成していく。フォードシステムは自動車生産の基本的なやり方となった。同じ種類の部品をまとめてつくればコストも安上がりである。計画的な量産によりコストダウンを図るというわけである。

それに対してSCMの原型となったのはトヨタのかんばん方式である、フォード方式と同じように基本的に流れ作業を中心に自動車生産を行う。ただ、トヨタが注目したのは「つくりすぎのムダ」であった。フォードでも、大量生産した部品の置き場所について、いろいろと工夫をしていたが、倉庫管理が大量生産をスムーズに行なううえで大きなポイントとなっていた。

そこでトヨタは面倒な倉庫管理などの負担をなんとか避けることを考えた。「在庫、倉庫をもたない」ということが原則とされたのである。生産の各工程を確認し、必要な部品のみを補給することにした。その際の「引き取り情報」などは「かんばん」と社内でよばれる長方形のビニール袋に入った紙で指示される。これがかんばん方式の由来である。必要な部品が必要なときに必要な量だけ、しかも正確な時間に生産ラインに到着することが徹底されたのである。

SCMはトヨタ自動車のかんばん方式の現場体験だけで生まれたものではない。理論的なバックグラウンドとしては「制約理論」がある。イスラエル人の物理学者、エリヤフ・ゴールドラットが草案した理論で、ある目的を達成するときに障壁となる「制約条件」を発見し、それを修正していくというプロセスが提案されている。

ゴールドラットはソフトウエア化して売り出した。すると採用した企業の業績は好転した。ソフトが高価で、制約理論がなじみのない理論だったことから理論の普及と浸透には時間がかかった。そこで、ゴールドラットは制約理論の内容を小説にすることを思いついた。小説を楽しみながら読むと、制約理論の内容が自然に頭に入るというアイデアであった。そして出来上がったのが『ザ・ゴール』とであった。

主人公のアレックス・ロゴは経営危機に陥った工場の責任者である。短期間に事業を再建しなければ工場は閉鎖されてしまう。そうなれば彼も仕事を失ってしまう。さらにタイミングの悪いことに彼の妻ジュリーは子供を残したまま、愛想をつかして家を出てしまう。

こうしたきびしい状況のなかで彼は工場の生産システムの改善に取り組む。読者はアレックスの悪戦苦闘の状況にはらはらしながらページをめくる。主人公の立場にたって考えるうちに制約理論が自然に理解できるというわけである。

『ザ・ゴール』はたいへんな評判になり、全世界で 1000 万部以上も売れた。そしてその結果、世界各国のビジネスマンは SCM の基本コンセプトを楽しみながら自然に身につけたのであった。

ただし、SCM の支援ソフトは、当初、たいへん高価で品質的にも不十分であった。

そうしたなかで 1990 年代初頭、在米のインド人の実業家サンジブ・シドゥ氏がビジネスパートナーのケン・シャーマ氏と協力して独自のアイデアをもとに新しい SCM の支援ソフトを完成させた。制約理論に独自に開発した人工知能理論をベースとしたアルゴリズムを組み合わせたのである。事務所として使っていたダラス市のアパートの一室でのことであった。シドゥ氏の発明したソフトは、いくつかの企業に採用され、大きな成果をあげた。

シドゥ氏の会社はたちまちSCM支援ソフトの有力企業となった。それまでの生産計画はカンや経験に頼っていたがソフトの導入で複雑な生産計画の管理も可能になった。

2000年代以降、SCM支援ソフトはさらに発達していく。ハード、ソフト面ともにパソコンの性能がめざましく向上したことで多くの企業がSCMの構築に乗り出した。SCMでは調達、生産、販売、財務といった企業内外の諸活動の情報を結ぶ。インターネットはそのためのツールとして最適というわけである。

◆ 4．ジョミニの生涯

アントワーヌ＝アンリ・ジョミニは1779年3月6日にスイスのスイス ヴォー州ペアン市で生まれた。

ヴェルデンブルク州立士官学校で軍事について学んだが、軍隊に入ることなく、銀行に勤める。几帳面な性格から銀行業務は向いていたようである。

しかし、1789年のフランス革命の影響が少し遅れてスイスにも及び、1798年にスイス革命が発生し、ジョミニの運命も変わることになった。フランス革命軍がスイスを入った。スイスはフランスの影響を受けることになったのである。ナポレオンは連邦制ではなく、中央集権制のヘルヴェティア共和国を誕生させたが、ジョミニはその共和国に設立された軍隊に希望して入ることになる。

ただし、スイス軍での彼の軍歴は長くはなかった。1801年には軍隊を辞め、パリに出ている。だが、彼の軍事に対する関心はそれで完全に消え失せてしまったというわけではなかったようである。というのは、その後、彼は軍事関連の執筆活動に入り、『大陸軍作戦論』(1804年)を表しているのである。ただし、当初は彼の大著が評価されることはなかった。フランス軍やロシア軍への就職を熱望したが実現しなかったのである。

ところが1804年のナポレオンの戴冠による欧州大陸情勢の変化により、状況が一変した。ナポレオンの側近の一人のスイス提督ミシェル・ネイがジョミニを抜擢したのである。ネイはジョミニの軍事理論に共感し、彼の理解者となり、私設の臨時副官とした。さらにナポレオンもジョミニの著書を読み、アウステルリッツの戦い後に大陸軍(だいりくぐん)(ナポレオンが創設した、フランス軍を中心とする欧州連合軍)のネイが司令官を務める第6軍団の上級副官にジョミニは正式に任命されたのである。その戦果は大きく、1805年から1807年にかけて欧州大陸における一連のナポレオンの戦いに第6軍団は大きく貢献したのである。

しかし、1809年になると、ジョミニの戦歴に対する警戒感と嫉妬が組織内で高まり、彼は孤立していく。さらにネイも組織内で広まる陰謀的なジョミニに対する悪評をそのまま信じてしまい、ジョミニの副官の職を解いてしまう。だが、皮肉なことにそれがネイにとってもナポレオンにとってもそれまでの勢いを大きくそぎ落とす契機となってしまったのである。

ただし、ナポレオンの軍事参謀としても実力を発揮していたルイ＝アレクサンドル・ベルティエ元帥はジョミニの才能が彼の不動の地位を脅かすことを恐れ、ジョミニを冷遇した。1813年には職務怠慢などを理由にジョミニは禁固刑に処されている。

そうしてフランス軍を追われたジョミニはロシアのアレクサンドル1世の理解を得て、ロシアの陸軍中将となる。ちなみにアレクサンドル1世はナポレオンのロシア攻撃における焦土戦術、モスクワ大火、対仏大同盟の提唱者としても知られている。

ジョミニはその後、1828年の露土戦争で活躍し、さらにロシア軍の近代化に多大な貢献を残した。同時に大著『戦争概論』（1838年）を完成させた。最晩年に体調を崩すと、ナポレオン3世の統治下のパリに戻り、1869年に90歳で生涯を閉じたのである。

◆ 5．ジョミニの基本原理

ジョミニの著作は多く、なかでもその集大成である『戦争概論』はたんなる軍事理論としてではなく、読み方によっては、ビジネス・経済・経営などにも役立つ経営戦略論、あるいは自己啓発や哲学的思考力の強化にもつながる社会思想論としても十分に通用する内容となっている。

ジョミニは『戦争概論』の序章で、「兵学にはそれを無視すれば危険な状況に陥るが、それを守れば勝利を得ることができる基本原理が存在する」ということを述べている。クラウゼヴィッツは「ジョミニの戦略理論は力の均衡や優劣、それに時間と空間に関する数式や幾何学上の点、線、角などに限られてしまう」と批判している。しかしそれこそまさに現代の経営工学を支えるオペレーションズリサーチの考え方に通じるものであり、複雑な社会背景、国際情勢、さらには政治的な多くの思惑も絡み合い、近代社会では戦争は基本原理だけでは勝利には導けないと、当時の多くの人が考えていた。「単純な計算式だけでは戦争には勝てない」というのが当時のしかし、戦争における戦略、戦術を科学と捉え、数理モデル化し、合理的なソリューションを導き出すというのが現代的、かつ工学的な視点からのアプローチといえよう。オペレーションズリサーチが軍事工学として認知され、研究が進み始めたのは第２次世界大戦中といわれているが、ジョミニはその先駆け的な存在であったともいえよう。

ジョミニは戦争の基本原理として、①〜④をあげている。

① 継続的な戦力の投入

軍の主力を継続的な投入を戦争舞台の中心、あるいは敵の後方連絡船に向けて行うことである、攻撃が散発的、あるいは断続的になれば効果は半減する。

② 集中的な戦力の投入

兵力を集中させて敵の個々の部隊と交戦する。味方の主力を敵の大部隊にぶつけるのではなく、敵の勢力を分断したうえで、味方の大部隊を敵の小部隊にぶつけることで、物量的な優位も確保するのである。

③ 重要拠点・戦力への攻撃

部隊に向けて戦力を集中投入すること、

④ 最適なタイミングでの戦力の投入

タイムリーなタイミングで主力を投入する。主力を集中的に投入してもその時期が最適でなければ効果は小さい。どのタイミングで戦力を投入すれば最大の効果が得られるかということを入念に検討する必要がある。

ジョミニの基本原理は戦争のみならず、一般的な交渉術やビジネス戦略にも通じるものがあるだろう。

◆ 6．ジョミニのロジスティクス論

ジョミニは『戦争概論』の第6章で兵站（ロジスティクス）について詳述している。ジョミニの指摘ではロジスティクスとは兵站監の職名に由来する。兵站監は部隊の宿営や行軍、陣営の構築などを指示し、戦闘態勢に入る下準備をする役割を担っていた。かつての戦争は宿営から行軍し、行軍先の拠点で陣営を構え、戦闘に入るという一連のプロセスを繰り返し、戦線を前進させていた。その一連のプロセスを管理していたのが兵站監というわけである。

しかし、ナポレオンの時代になると戦争はそれまで以上に洗練された戦略、戦術が求められるようになっていた。軍隊の行動範囲は広範かつ複雑になり、指示系統も緻密になった。それに伴い後方支援を意味する軍事ロジスティクスの解釈もより広義になっていったのである。

ジョミニによれば軍事ロジスティクスの範囲は、次の18項目、すなわち、行軍計画、戦闘・攻撃計画、駐屯地の安全対策、捜索探索の命令指示、移動の実行、派兵隊の編組、部隊の戦略的管理・指令、前衛部隊への支援管理、弾薬・糧食などの供給・管理、補充品の定期輸送、設営管理、派遣隊と輸送隊の連絡体制の

構築・管理、戦傷者の管理・軍事品の修理などの静脈管理、派遣部隊の軍事展開の記録管理、軍隊からの脱落者の管理、塹壕内の管理、退却管理、舎営管理に及ぶという。

現代ロジスティクスの視点からジョミニの軍事ロジスティクスの範囲を改めて確認してみても、その範囲の定め方や考え方には全く古さは感じられない。むしろ、現代の軍事ロジスティクスにおいてもジョミニの定義はほぼそのまま引き継がれているといえよう。

さらにいえば、現代のビジネスロジスティクスの視点から見ても、動脈物流の全域に静脈物流の概念ともなる修理工場の管理や退却に当たっての対応にも言及されている。

ちなみにナポレオンの時代の戦争で当時まだ軽視されていたのは情報ネットワークの活用である。現代の視点から見れば、ロジスティクスと情報ネットワークには緊密な関係があることは自明の理であるが、19 世紀にその関係が言及されることはほとんどなかった。しかし、ジョミニは軍事における計画の策定とその指示系統の確立、ならびに指示伝達の徹底を重視した。さらに作戦情報についても、諜報網組織、偵察活動、俘虜の尋問、敵の可能行動についての仮設の構築を重視したのである。

◈ 7. ジョミニの倉庫論

軍事における食糧保管庫をジョミニは重視した。戦争において軍事行進の距離が伸びれば、食糧の補給ラインも長くなる。補給線が伸びれば食糧の自給が難しくなることから、略奪などによる

「現地調達」が行われてきたという歴史もある。ローマ帝国時代のシーザーは「戦争は戦争を養わなければならない」という有名な言葉を残し、略奪の正当性を示唆している。しかし、住民が残らず逃げ出した破壊された都市では現地調達も容易ではない。補給線を整備したうえで軍隊が携行可能な食糧、野営地と補給廠の供給リードタイムなどに配慮のうえ、保管庫を最適配置する必要がある。

ジョミニの倉庫戦略の大筋は次のポイントからなる。

(1) 必要最低限の食糧の常備

行軍において必要量を超えた食糧の携行は戦闘に支障を来すことになる。しかし食糧を全く携行しなければ十分な戦果を上げることはできなくなる。したがって、倉庫は必要最低限の保管量に抑える必要があるといえよう。

(2) 予備倉庫の設置

資源の集積拠点に直接の軍事ラインとは異なる予備的意味合いの倉庫を設置する。食糧供給線を太くすることで軍事ロジスティクスを充実させていくのである。

(3) 軍事拠点との倉庫ネットワークの構築

可能な限り３拠点と等間隔の地点に集約型の倉庫を設置して、いずれの戦線にも効果的な補給が可能となることを意図する。在庫を有する倉庫と戦闘の最前線との連携をワンツーワンの関係といせず、現代の拠点ネットワークの構築で一般化されている「ハブアンドスポーク」に近い発想が見られる。

(4) 遠隔地などの倉庫戦略

遠隔地や過疎地、あるいは戦災地においては、食糧供給に確実性があるとはいえないことを考慮して、基幹倉庫と最前線を結ぶ補給線を最小化する。これはまさしくナポレオンがモスクワ遠征で守ることができなかった戦争・戦術における真理といえるだろう。

(5) 輜重による荷馬車ネットワークの構築

荷馬車による食糧などの輸送、運搬を担当する輜重部隊の陣営と在庫拠点である倉庫を結ぶ荷馬車ネットワークを緻密に構築する必要性を指摘している。荷馬車は軽量で強固であるべきこと、駐車場が馭者(ぎょしゃ)から離れていないようにすることなども指摘している。

(6) 臨海地域の倉庫の重要性

制海権を有している場合の海上輸送や防衛の都合上、港湾部に倉庫を設けることで前線を強化できるとしている。とくに物資を海上で輸送することを念頭に置いた倉庫の重要性に着目している。

(7) 物資補給の拠点としての港湾倉庫

海外からの物資補給の拠点として、着荷、荷受けをスムーズに行う拠点としての港湾倉庫の役割に着目している。また海を前方に陸を退路とすることで、退却の道筋を大きく取ることができると考えている。

(8) 河川倉庫の設置

臨海部の倉庫と同様に河川部に平行して倉庫を設ける必要があるとしている。上流から下流までの流れに沿って倉庫を設けることで補給線を確固たるものとし、補給を容易にすることができるからである。

(9) 家禽類の備蓄

パン、ビスケットなどが戦時における食糧として重視され、とくにビスケットは輸送や保管がコンパクトであり、戦時に有用な食糧であるが、それに加えて、牛肉なども用意しておくことが望ましいと考え、戦地での強奪品とは別にマーケットを通した正規の流通ルートからの家禽類を調達し、食糧として備蓄する必要性があり、そのための保管にも注力する必要性を説いている、

そして野戦陣営と倉庫を結ぶネットワークを総合的、包括的に管理する中核として要塞を適切な位置、ロケーションに設けることを説いている。要塞を軸とした兵站のネットワークで補給線を充実させ、敵の攻撃に備えるわけである。ちなみにこの考え方はフランス陸軍にその後、長く根付くことになり、第2次世界大戦でナチスドイツにフランスがマジノ要塞を攻略されるまで続いていたともいえよう。

さらにいえば、こうしたジョミニの倉庫ネットワークを重視したハブアンドスポークにも近い兵站拠点の最適分散化の考え方は現代の物流・ロジスティクス理論と比較して考えても、決して古さを感じない。

8. 結びに代えて

ロジスティクスが軍事における兵站として科学性、合理性、さらには哲学的な社会思想性も兼ね備え、発達してきたプロセスをナポレオン時代の軍事研究の大家、ジョミニの理論と思想の一部を紹介しながら考察した。

ジョミニはナポレオンに使え、ロジスティクスの概念を体系化し、フランスの欧州制覇に大きく貢献した。しかし、軍組織内の嫉妬に苛まれ、に冷遇され、フランス軍を去り、最大の敵国であったロシアの将軍となるという数奇な運命を辿る。それでもナポレオンに対する忠誠は変わらなかったと伝えられている。戦争理論を科学として捉え、いまでいうオペレーションズリサーチの基盤を築き上げ、現代に通じるロジスティクスの骨格を理論化した。

欧州大陸のグローバル化時代に戦争という時の大変動のなかで、自らの考えや発想を体系化、具現化していったのである。

参考文献

Antoine Henri Jomini, *The Art of War: Strategy & Tactics from the Age of Horse and Muske*t, LEONAUR, 2010.

Antoine-Henri Jomini, W.P. Craighill, G.H. Mendell（Translator）, *The Art of War*, Independently published, 2020.

Charles River, *Antoine-Henri Jomini: The Life and Legacy of the Swiss General and His Famous Military Treatises about the Napoleonic Wars*, Independently published, 2019.

Lt. Col J. D. editor Hittle, *Jomini and His Summary of the Art of War*, Military Service Publishing Company,1952.

アンリ・ジョミニ、佐藤徳太郎訳、『戦争論』、中公文庫、2001 年。

今村伸哉、ジョミニ戦略論、芙蓉書房出版、2017 年。

上野一郎、『陸軍輜重兵学校の日々』、産能大学出版部、1997 年。

クラウゼヴィッツ、篠田英雄訳、『戦争論　上中下』、岩波文庫、1968 年。

鈴木邦成、『トコトンやさしいSCMの本』、日刊工業新聞社、2003年。
松村劭、『ナポレオン戦争全史』、原書房、2006年。
マーチン・ファン・クレフェルト、石津朋之監訳、『補給線増補新版』、中央公論社、2022年。

あとがきに代えて

―異文化理解の壁の向こうを覗きながら―

本書では異文化理解の壁について考えてきた。異文化理解とは学際的なアプローチからなる文化や価値観を持つ人々とのコミュニケーションや相互作用の円滑化を図ることである。異文化というと、従来は日本文化と英米文化との比較が多かったが、近年は、中国、韓国、東南アジアなどの日本社会の浸透もあり、異文化の定義はこれまで以上に広がりつつある。異文化理解の重要性がさらに高まっていくことも実感できる。

本書の最後に日本の近代文学の巨匠であり、異文化理解の観点からも重要な役割を果たした文豪・夏目漱石について、異文化理解の視点から考察を行い、「あとがき」に代えたい。

夏目漱石は日本人の視点から外国文化を見てきたことで知られているが、『吾輩は猫である』では猫世界から人間世界を、『坊ちゃん』では都会と地方の文化の違いを念頭に描かれているともいえる。また、『坑夫』では石炭産業の現場で働くことになる主人公の異文化体験を精緻に描いている。

ちなみに鷲と鈴木の恩師である岡三郎（故人：青山学院大学教授）は、中世英文学の第一人者として活躍する一方で、夏目漱石研究でも絶筆となる『人類史から読む夏目漱石 展開 II　―漱石文学の道程を踏破する―』（岡三郎著、国文社、2016 年）を齢 87 歳にて上梓している。同書は 628 頁に及ぶ文字通りの大著である。

存命ならば、おそらく本書の刊行を誰よりも喜ぶのは、恩師・岡三郎であろうと考えている。中世英文学研究の第一人者でありながら、異文化ともいえる夏目漱石研究で文学博士号を取得し、「二刀流」を完遂した岡三郎の道程を瞼の裏に映しながら、異文化理解の壁を超えるべく、好奇心を持ち続けていきたいと考えている。

夏目漱石の『坑夫』を読みながら

鈴木邦成

著者プロフィール

鷲　直仁（わし　なおひと）

慶應義塾大学文学部文学科英米文学専攻卒業
青山学院大学大学院文学研究科英米文学専攻博士後期課程満期退学
ブリストル大学大学院教育学部英語教育学専攻修了
現在、都留文科大学文学部英文学科教授
専門は、異文化理解、イギリス文化論

鈴木邦成（すずき　くにのり）

早稲田大学大学院国際情報通信研究科博士課程修了
博士（工学）（日本大学）
現在、日本大学生産工学部教授
専門は物流・ロジスティクス工学、技術者英語

『英語の発信力を磨く異文化理解の視点』
――ダイバーシティマネジメントの視点からの日本のいまとこれから

2024年 1 月 30 日　初版発行

著者	鷲　直仁 鈴木邦成
発行者	丸小雅臣
組版所	株式会社 啓文堂
表紙・デザイン	松川由利子
印刷・製本	創栄図書印刷

〒 162-0065　東京都新宿区住吉町 8-9
発行所　**開文社出版株式会社**
TEL 03-3358-6288　FAX 03-3358-6287
www.kaibunsha.co.jp

ISBN978-4-87571-893-2　C3082